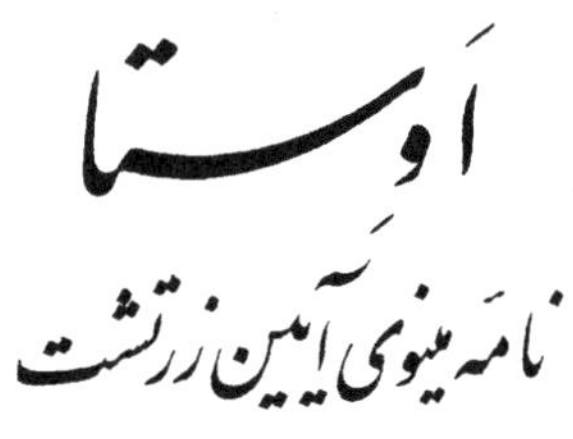

چاپ دوم ۲۵۳۵

نگارش

جلیل دوستخواه

از گزارش

استاد ابراهیم پورداود

根据德黑兰珍珠出版社 1976 年版译出

汉译世界学术名著丛书
（120 年纪念版·珍藏本）
出版说明

2017 年 2 月 11 日，商务印书馆迎来 120 岁的生日。120 年前，商务印书馆前贤怀揣文化救国的理想，抱持“昌明教育，开启民智”的使命，立足本土，放眼寰宇，以出版为津梁，沟通中西，为中国、为世界提供最富智慧的思想文化成果。无论世事白云苍狗，潮流左右激荡，甚至战火硝烟弥漫，始终践行学术报国之志，无改初心。

迻译世界各国学术名著，即其一端。早在 20 世纪初年便出版《原富》《天演论》等影响至今的代表性著作，1950 年代后更致力于外国哲学和社会科学经典的译介，及至 1980 年代，辑为“汉译世界学术名著丛书”，汇涓为流，蔚为大观。丛书自 1981 年开始出版，历时三十余年，迄今已推出七百种，是我国现代出版史上规模最大、最为重要的学术翻译工程。

丛书所选之书，立场观点不囿于一派，学科领域不限于一门，皆为文明开启以来，各时代、各国家、各民族的思想与文化精粹，代表着人类已经到达过的精神境界。丛书系统译介世界学术经典，

第四卷　万迪达德

第五卷　维斯帕拉德

第六卷　胡尔达·阿维斯塔

序　言

摆在尊敬的读者面前的这本书，由贾利尔·杜斯特哈赫·伊斯法罕尼先生选编而成，这是他以勤奋和智慧取得的可喜收获。数年前，我在德黑兰文学院执教时与他相识。在攻读硕士和博士学位期间，他所表现出的聪明才智引起我的关注，希望有朝一日他能在伊朗学方面成为出类拔萃的人才，为我国的古代文化研究作出卓越的贡献。

本书出版之前，尊敬的读者想必已读过他在报刊杂志上发表的学术论文，这证明数年前我对他的期待并非是过高的奢望，而是符合实际的。近年来，几位饱食终日、不学无术的老朽，居然也对伊朗学发生兴趣；其实，他们不过是把伊朗最古老的文献《阿维斯塔》当成手中的玩物而已①。在这种情况下，涌现出一批年轻有为的莘莘学子，就格外令人感到欣慰。

这几位才疏学浅的老腐儒哪里知道，目前我们有为数不少的年轻人正在伊朗、欧洲和美国埋头钻研阿维斯塔文、古波斯文、帕拉维文和梵文（与我国古代的伊朗语言颇为相近）。从 25 年前至今，少说也有数千名伊朗大学生业已程度不同地掌握了这些古老

① 参见拙著《亚斯纳》第 1 卷前言，德黑兰，1961 年。

的语言。眼下德黑兰就有三四所学校(其中包括大学)开设了有关的课程。时至今日倘若有人信口雌黄,胡说什么《阿维斯塔》是用楔形文字写成的,岂不令人耻笑。这几位平生不得志的老学究似乎想钻进古籍经文里去寻求和营造自己的安乐窝,抑或借以达到名利双收的目的。不幸的是,他们选错了方向和道路,因为即使他们从故纸堆中能捞到一点油水,乃至编写成书,充其量也不过是陈旧不堪的破烂货。

众所周知,古代雅利安人的语言,如阿维斯塔语、古波斯语和梵语等,是世界上最古奥艰涩的语言,比古代希腊语、拉丁语和希伯来语还难以掌握。这几位迂腐透顶的老夫子大概以为,只要翻阅几部观点陈腐的有关著述,就可以大言不惭地自诩为"伊朗通"了。其实他们如获至宝的那两三部词典,早已被弃之不用,成为过时的陈货。由印度和法国出版的这几部工具书的编者,对古代雅利安人的语言,或者一窍不通,或者略知一二。严格地说,他们是不能胜任这类工具书的编纂工作的;倘若勉为其难,那产品的质量就要打折扣,必属粗制滥造之类。

迄今为止,在伊朗学,尤其是阿维斯塔学方面,已有世界各国著名的东方学者和专家,用德语、英语、法语、俄语和意大利语等撰写了数百部颇有价值的著述。凡有志于这门学问的研究者,都应该参考和借鉴这些见解独到的学术论著,大可不必死抱住坎伽(Kāngā)和达尔梅斯泰特(Darmesteter)等人的那几部旧著不放。

1904 年 3 月去世的琐罗亚斯德教"希尔巴德"[①]坎伽,享年 65

① Hirbad,琐罗亚斯德教祭司称谓之一。——译者注

岁，在西方的东方学者眼中无足轻重，声望不大。殁于1894年的达尔梅斯泰特虽曾名噪一时，但时过不久，人们便发现他的著述中错误百出，于是，身份跌落，不再为人所看重。

据说，老学究当中居然有人声称：他们从坎伽编纂的词典中领悟到阿维斯塔语的奥秘。这部词典究竟是什么货色，必须弄个明白，以免谬种流传，误人子弟。

印度—波斯人[①]考斯基·埃德尔吉·坎伽，于1900年在孟买出版了《阿维斯塔语—古吉拉特语[②]—英语词典》，其中使用了阿维斯塔文，亦即"丁·达比拉"[③]。令人大惑不解的是，这位自称连阿维斯塔字母都不认识的老学究，怎么能在词典中分辨出阿维斯塔语词来呢？即使他求助别人认出了阿维斯塔语词，又怎么能理解用古吉拉特语和英语注释的词义呢？

与坎伽编的《阿维斯塔语词典》比较起来，现在出版的《〈亚斯纳〉研究》等著述，亦即鄙人的《〈阿维斯塔〉校注》，显然是相形见绌、不值一提的，因为前者据说如同《恩楚明·阿拉·纳赛里词典》[④]，享有"权威性"之作的美名。

坎伽还编了一部《英语—阿维斯塔语词典》，在他死后，由琐罗

① 亦称"帕西人"(Parsiyān)，8世纪初由波斯迁往印度西部海岸古吉拉特等地的伊朗移民及其后裔，绝大多数信奉琐罗亚斯德教。——译者注

② 印度西部沿海古吉拉特一带流行的地方语言。——译者注

③ 又称"丁·达比里"(Dēn-Dabīrī)，伊朗萨珊王朝(224—651)时期流行的帕拉维语宗教文字。一说琐罗亚斯德教祭司于4—6世纪创造，专门用来书写波斯古经《阿维斯塔》。——译者注

④ 由礼萨·戈利·汗·赫达亚特以恺加王朝纳赛尔丁王(1848—1896年在位)的名义，编定于1869年，被公认为是一部集古代词书之大成的波斯语工具书。——译者注

亚斯德教"希尔巴德"达哈巴尔(Dahābar)于1909年在孟买出版。达哈巴尔先生在伊朗阳历1331年9月11日,即公元1952年12月2日谢世。他在该书前言中写道:

"在审定出版坎伽的《英语—阿维斯塔语词典》时,我参考了盖格(Geiger)和杰克逊(Jackson)的有关著述,尤其是巴尔托洛梅(Bartholomae)的《古代伊朗文化词典》一书——这些书坎伽均未曾读过。"

由此可知,坎伽的《阿维斯塔语－古吉拉特语－英语词典》究竟是怎样一部书。令人遗憾的是,这样一部漏洞百出的书至今居然还有市场。1888年至1901年间,坎伽曾将《阿维斯塔》翻译成古吉拉特文,共四卷。此外,他还编写出《阿维斯塔语语法》一书,于1891年在孟买出版。

考斯基·埃德尔吉·坎伽算得上是位学识渊博的"希尔巴德",他在孟买的毛拉·菲鲁兹学院执教长达40年。上述他的各种著作,除了古吉拉特语《〈阿维斯塔〉译注》外,笔者均有藏书。(注意不可将其与另一位琐罗亚斯德教"希尔巴德"曼克·法里东吉·坎伽相混同,后者学有所成,著作等身,愿他健康长寿,为我们写出更多更好的作品来。)

我的意思是,每当听人提到坎伽的《阿维斯塔语词典》时,首先应该弄清楚这个坎伽指的是谁,他的词典有无学术价值。上述那部词典已不适用,早该淘汰了。借用老学究们惯用的套话来说,他们所撰写的文章,真可谓"弄虚作假"、"信口雌黄"、"不足挂齿",如此而已,岂有他哉?诸如此类欺世盗名的卑劣手法不胜枚举。另一位"精通"外语的老学究(他本人再三强调这一点),居然拉大旗作虎皮，抬出昂克蒂尔·德佩龙的《阿维斯塔》译注本和达尔梅斯泰特的《赞德·阿维斯塔》来吓唬人。

昂克蒂尔·德佩龙的《阿维斯塔》译注本难道在问世200年后的今天仍然适用？一二百年前出版的物理、化学和医学等方面的著述，难道至今还能派上用场？且看昂克蒂尔·德佩龙是何许人，他的《阿维斯塔》译注本又是怎样编写出来的。

欧洲率先发行关于琐罗亚斯德教的著作是在1700年。这部书是由英国东方学者托马斯·海德（Thomas Hyde）根据希腊、罗马、伊朗和阿拉伯的有关著述用拉丁文编写而成的。（说不定明天会出现一位想入非非的老学究，或者不知从哪里冒出一个追逐名利的小青年，不识趣地拿这本书在人前炫耀。须知，仅懂语言并不一定就能理解书的内容。）

这部书引起法国人亚布拉罕·昂克蒂尔·德佩龙（Abraham Anquetil du Perron）的极大兴趣，他很想结识琐罗亚斯德教信徒，于是决定奔赴印度，去访问那里的印度—波斯人。1755年2月24日，年仅26岁的昂克蒂尔·德佩龙从洛里昂（Lorient）港只身登上开往印度的轮船。因为身无分文，他不得不充当船上的小工。半年后，即同年8月10日，轮船抵达本地治里（Pondichēry，位于孟加拉湾的印度东海岸）。后又冒着风险，几经周折，才于1758年4月28日到达苏拉特（Surat，孟买北部海港），在那里侨居三年（直至1761年）。

在苏拉特，向昂克蒂尔·德佩龙传授《阿维斯塔》知识的启蒙老师，是当地的琐罗亚斯德教"达斯图尔"[①]达拉布，他本人对阿维

① 达斯图尔（Dastūr），琐罗亚斯德教首领和主祭的称谓。——译者注

斯塔语和帕拉维语并不怎么精通。伊朗的琐罗亚斯德教教徒和印度一波斯人多少对“马兹达·亚斯纳”[①]有所了解，但充其量也不过是世代口耳相传的内容。这些传统的说法当然是弥足珍贵的，然而却并不具备建立在语言学基础上的现代阿维斯塔学的价值。

毫无疑问，“达斯图尔”达拉布在当时算得上是印度一波斯人学者中的佼佼者，他想必是被尊为“维拉亚蒂”[②]的伊朗琐罗亚斯德教“达斯图尔”贾马斯布·卡尔曼尼的门徒之一。后者曾专程赴印度考察教徒的实况，或者向印度一波斯人传达过伊朗祭司长的教令。

贾马斯布·卡尔曼尼寄居苏拉特期间，有两三位印度一波斯人向他请教过有关宗教神学方面的知识，其中之一便是昂克蒂尔·德佩龙的启蒙老师“达斯图尔”达拉布，另一位是“达斯图尔”卡乌斯。

叶兹德·盖尔德历[③] 1090 年 2 月 30 日（相当于公元 1720 年 11 月 26 日），“达斯图尔”贾马斯布·卡尔曼尼从克尔曼出发去印度，在苏拉特小住八九个月后，于 1721 年返回伊朗。

达拉布祭司出身，前几辈全是琐罗亚斯德教的穆贝德[④]，其世系传承依次为凯·古巴德→沙普尔→法拉马尔兹→巴赫拉姆→巴赫曼→索赫拉布→达拉布。他于叶兹德·盖尔德历 1141 年 12 月

① 又称“马兹达·亚斯尼”（Mazdā-Yasnī），词意为“马兹达崇拜者”，亦即“马兹达教”，系琐罗亚斯德教的前身；有时也指琐罗亚斯德教。——译者注

② 系琐罗亚斯德教主祭的尊号，含有“至尊”、“敬爱”之意。——译者注

③ 伊朗古代历法之一，以萨珊王朝末君叶兹德·盖尔德三世（632—652 年在位）登基为王的 632 年为元年。——译者注

④ “穆贝德”（Moubed），琐罗亚斯德教祭司的称谓之一，其职位高于“穆格”（Mogh）。——译者注

2 日(相当于公元 1777 年 8 月)逝世,享年 75 岁。

1934 年 1 月 7 日我来到苏拉特。昂克蒂尔·德佩龙的启蒙老师"达斯图尔"达拉布的第七代孙"达斯图尔"巴赫拉姆·伊拉杰·库马纳(Bahrām-yraj-kumānā),时年 55 岁,他对我的来访表示欢迎,并将吉万吉·贾姆希德·穆迪编著的有关昂克蒂尔·德佩龙与"达斯图尔"达拉布的书[①]赠送给我,留作纪念,此书至今仍珍藏在我身边。在这位热情好客的"达斯图尔"陪同下,我们走进"达斯图尔"达拉布向昂克蒂尔·德佩龙讲授《阿维斯塔》及其帕拉维语文献为时三年的那套客房。上课用的那间小屋已被烧毁。"达斯图尔"巴赫拉姆·伊拉杰·库马纳的父亲、84 岁高龄的"达斯图尔"巴赫曼·努希拉万当时尚健在。

粗通波斯语的昂克蒂尔·德佩龙,一边听"达斯图尔"达拉布讲解,一边作笔记,就这样完成了三年的学业。从他后来发表的《赞德·阿维斯塔》来看,显然他对老师的讲课有许多地方理解得并不准确。

1761 年 3 月 15 日,昂克蒂尔·德佩龙从苏拉特启程返回欧洲。他先到英国牛津,把自己在印度蒐集的若干《阿维斯塔》及其帕拉维语文献的抄本,同布德利昂图书馆保存的有关文献资料进行了对照和比较,随后于 1762 年 5 月 14 日前往巴黎,将一百八十份阿维斯塔文、帕拉维文、波斯文和梵文的抄本和资料馈赠帝国图书馆(现为国家图书馆)。嗣后,他花费了十年时间研究和整理自己的学习笔记,终于在 1771 年于巴黎出版了题名为《赞德·阿维

① *Anguetil du perron and Dastūr Dārāb*, by J. J. Mudi(Bombay 1916).

斯塔》(*Zend-Avestā*)的两卷本译著,此乃用欧洲的流行语言对《阿维斯塔》进行翻译和注释的首次尝试。昂克蒂尔·德佩龙于1805年去世。

《赞德·阿维斯塔》问世后60余年间,除克勒柯(Kleuker)将昂克蒂尔·德佩龙的译著从法文转译为德文,从1776年至1777年陆续在里加出版而外[①],欧洲人未曾发表过任何有关阿维斯塔学的著述。

不言而喻,百多年前问世的《赞德·阿维斯塔》在阿维斯塔学方面,现已算不得什么名著。平心而论,昂克蒂尔·德佩龙不愧为先驱者。当年他历经艰险,长途跋涉去印度求学,这种勇于开拓的精神还是值得称道的,此等荣誉对他来说已经足够了。而今看来,他那大部头的译著,惟记述印度一波斯人生活状况的前言部分还多少有些价值;可是,就是在该书前言中也有很多纰漏,切不可以为那里说的全都千真万确。上述穆迪(Mudi)的书中就曾指出《赞德·阿维斯塔》的不少错误。

为阿维斯塔学奠定坚实的科学基础的,当首推法国东方学者厄冈·比尔努弗(Eugéne Burnouf)。同许多19世纪的专家学者一样,他认识到梵语与阿维斯塔语有近缘关系,为从缺乏科学依据的伊朗古籍经文的传统解说中摆脱出来,必须求助于古代印度人的宗教圣书《吠陀》(Vedā)和其他梵语文献。有鉴于此,比尔努弗先于1833年发表了附有详注的《亚斯纳》第一章,继则又在1840年至1846年间将《亚斯纳》第九章的译文公之于世。

---

① *Zend-Avestā Zoruasters lebendiges wort*, von JOh. Fr. Kleuker (Riga 1776—1777).

应该指出，12 世纪末印度—波斯人的"穆贝德"德哈韦尔(Dhāvel)之子内里尤桑格(Neryōsang)的梵文注本，给了比尔努弗很大的启发。[①]

正是通过对昂克蒂尔·德佩龙从印度带回法国的内里尤桑格的梵文注本的深入比较研究，比尔努弗才发现该注本缺乏科学的基础，它是根据《阿维斯塔》的帕拉维语传统注本译出的；而昂克蒂尔·德佩龙的《赞德·阿维斯塔》同样没有摆脱传统观点的束缚，因为他的注释全是从苏拉特的"穆贝德"那里听来的。

比尔努弗去世(1852 年)之后，相继涌现出一批用阿维斯塔语、帕拉维语或梵语研究《阿维斯塔》的专家和学者，他们每个人都作出自己的贡献，为我们留下了宝贵的著述。关于他们的姓名，以及他们各自走过的道路和采取的研究方法(部分人坚持帕拉维语注释的传统观点，部分人则主张以梵语作为研究的基础)，因为篇幅所限，恕不赘言。

作为后起的东方学者中的一员，达尔梅斯泰特在自己的《阿维斯塔》译注本(共三卷，1892—1893 年出版)中，凡是容易理解的地方，就直接译成法文；而遇到深奥难懂之处，便求助于帕拉维语传统注释。正因为如此，1936 年 9 月去世的著名语言学家梅莱(Meillet)才说："达尔梅斯泰特依据帕拉维语注本完成的《伽萨》译注并不准确，因为帕拉维语本身就有错误，所以他的研究缺乏坚实的基础。"[②]

---

① 参阅拙著《〈阿维斯塔〉校注》，《胡尔达·阿维斯塔》部分，第 179 页。

② *Trois Conlĕrences sar les Gāthā*, par Meillet (Paris 1925. P. 9—11).

达尔梅斯泰特的《伽萨》译诗总共二百三十八节，我很难找出哪一节是译者正确把握了其中的含义，并与后来的阿维斯塔学者的理解相吻合的。他对《阿维斯塔》其他部分的译注，情况也大体如此。如果说达尔梅斯泰特的译著多少有些价值的话，那便是书中所做的大量注解和说明；然而就在那些注释中也存在着极为明显的纰漏。所以，对于他的注释不可盲目地、不加分析地全盘接受。我在校注《阿维斯塔》的过程中，曾指出达尔梅斯泰特及其著述里存在着不少谬误。早在40年前，我就举出了十多个例证来说明这一点。

达尔梅斯泰特的《阿维斯塔》译注本和其他著述，以及他在报纸杂志上发表的许多文章，我早就拜读过，而且还将它们收集起来，保存在身边。应该承认，达尔梅斯泰特是一位勤奋好学、才思敏捷的学者，令人深感遗憾的是，他于1894年过早地离开了人世，享年才45岁。

1886年2月23日至1887年2月11日，达尔梅斯泰特曾赴印度考察，先后到过孟买、浦那、努萨里、苏拉特和白沙瓦等有印度—波斯人居住的城市，结识了一些琐罗亚斯德教“达斯图尔”和宗教首领。看来，印度—波斯人似乎对他不很热情，而他们对到印度访问的其他东方学者，如英国的韦斯特（West）、德国的豪格（Haug）、法国的默南特（Menant）和美国的杰克逊（Jackson）等人都十分友好。热情好客的印度—波斯人给这些东方学者留下了美好的印象，并受到应有的称赞；唯独达尔梅斯泰特例外，他在《阿维斯塔》译注本中，一有机会就无端地对印度—波斯人冷嘲热讽，极尽奚落揶揄之能事。

在我的印象里，少有像达尔梅斯泰特那样受到人们广泛指责的东方学者。他关于《阿维斯塔》产生时代的看法(完全出于个人的宗教偏见)，令相当多的学者感到难以首肯，因为他不顾历史事实，随心所欲地硬把《阿维斯塔》的形成年代向后推，以使人觉得仿佛犹太教曾对"马兹达·亚斯纳"产生影响这一点是可以接受的。①

若是某个伊朗人，偶尔接触到达尔梅斯泰特或者德哈尔莱(De Harlez)的《阿维斯塔》译注本——除这两部蹩脚的译著外，并未读过其他有关的著述，那么他最好还是首先了解一下这两位学者在数以百计的阿维斯塔学名家当中占有何等地位，而不要浪费时间、信口雌黄、胡诌八扯，甚至粗俗地骂我这个既了解这两位学者的底细，又熟悉比他们更高明的上百位阿维斯塔学者的人。否则，只能说诸如此类的卑劣行径，其目的仅仅在于捞取实惠，或者沽名钓誉。

今天，我们国家最需要的是勤奋好学、年轻有为的学者。他们应该挺身而出，勇敢地捍卫祖先留下来的宝贵遗产，绝不允许狂妄自大而胸无点墨的老学究们——我不愿指出他们的尊姓大名——肆无忌惮地欺骗舆论，中伤他人，使学有所长的专家蒙受屈辱，给阿维斯塔学界罩上一层阴影。

最后，祈求真主保佑我的禀性善良的年轻朋友贾利尔·杜斯

① 关于达尔梅斯泰特晚年产生的这种荒诞不经的观点，参见拙著《亚什特》第1卷，德黑兰，1928年，第84页。

特哈赫万事顺遂，称心如意。

易卜拉欣·普尔·达乌德[1]

1963年11月于德黑兰

① 易卜拉欣·普尔·达乌德(Ebrāhīm-Pūr-Dāoud，1884—1967)，伊朗琐罗亚斯德教文化和《阿维斯塔》学权威。生于勒什特。中学毕业后赴法国，进巴黎大学攻读法律。1925年迁居印度，专门从事《阿维斯塔》研究，先后用波斯文翻译出版《伽萨》(1926)、《亚什特》(1928)和《胡尔达·阿维斯塔》(1931)。嗣后，去柏林深造，一年后返回印度，在大学教授古波斯文化，这期间译出《亚斯纳》等波斯古经的其他部分。1937年回国，在德黑兰大学任教，并继续研究琐罗亚斯德教文化。主要著述有《〈阿维斯塔〉校注》(九卷本)、《苏什扬特》、《行善者》、《古代伊朗文化》和《霍尔莫兹德·纳梅》等。1967年去世后，设拉子巴列维大学为他设立纪念堂，以表彰他对伊朗文化作出的卓越贡献。——译者注

谨将这部圣书的波斯文选译本奉献给所有纯洁、真诚和高尚的人们，奉献给所有奉行善思、善言和善行的人们，奉献给所有希望国民安居乐业、美满幸福的人们，奉献给所有衷心从事在人世间建设自由、愉快生活的人们。

贾利尔·杜斯特哈赫

编 者 前 言

《阿维斯塔》是伊朗最古老的文献。这部传世之作的成书年代虽然难以断定，但起码可以上溯到公元前10世纪以前。

流传至今、我们称之为《阿维斯塔》的，并非远古时期的原作。这部巨著的绝大部分业已散佚，在连绵不断的兵燹之灾中，被冥顽不灵、暴殄天物的"魔鬼"们毁掉了。

据琐罗亚斯德教传统文献记载，古人曾用金字将《阿维斯塔》刻写在一万张牛皮革上，[①]珍藏于戴日·内佩什特[②]。

萨珊王朝时期的《阿维斯塔》计有三十四万五千七百字，有关《阿维斯塔》的帕拉维语文献统称《赞德》，共二百零九万四千二百字，而保存至今的《阿维斯塔》残卷，仅余八万三千字。

原本《阿维斯塔》包括二十一"纳斯克"（卷），恰好与马兹达教[③]极为重要的"亚塔·阿胡·瓦伊里尤"祈祷诗的二十一个词相对应，关于这首祈祷诗的解释详见后文。

萨珊王朝时期重新编定的《阿维斯塔》，为保持原作风貌，也分为二十一"纳斯克"，各"纳斯克"的名称和内容梗概在《丁·卡文

① 此处笔误，似应为一万两千张牛皮革。——译者注

② 词义为"帝国图书馆或档案馆"。

③ 即琐罗亚斯德教。——译者注

特》[1]等帕拉维语宗教典籍中有所记载。

二十一卷的《阿维斯塔》向来被分为三大部分:(1)《伽萨尼克》阐述天国的知识和活动;(2)《达蒂克》,阐述尘世的知识和活动;(3)《哈塔克·曼萨里克》,阐述天国与尘世之间的活动和联系。

现存《阿维斯塔》大体上可分为六卷,即《伽萨》[2]、《亚斯纳》、《亚什特》、《胡尔达·阿维斯塔》、《维斯帕拉德》和《万迪达德》,每卷的具体内容详见后文。

《阿维斯塔》绝非一时一地由某个人单独写就[3];然而作为《阿维斯塔》最古老部分的《伽萨》,无疑是琐罗亚斯德本人吟诵的诗篇。这就是说,《伽萨》形成于琐罗亚斯德时代,亦即公元前10世纪。《阿维斯塔》其他各卷成书较晚,系后人所编,故含有不少与早期琐罗亚斯德教教义相左的内容。

全面地探讨《阿维斯塔》,深入地剖析《阿维斯塔》各卷的具体内容及其相互联系,进而从历史、文学和语言学的角度揭示它的本质特征,不是本书的旨趣,也没有这种可能。我们的目的在于,以通俗流畅的语言,选编《阿维斯塔》的精华部分,奉献给波斯语读者,为他们了解古代伊朗人的思想和世界观打开一个窗口。

因此,我们无意对《阿维斯塔》作长篇论述,也不着重分析《阿维斯塔》各卷的思想内容,而仅向有志于此的读者提供一把钥匙,

① 琐罗亚斯德教重要文献,词义为"宗教百科"。约成书于9世纪,先后由祭司阿图尔·法伦巴格和阿图尔帕特·奥米德编订,共九卷(前两卷已佚),现存十六万九千字,用帕拉维语写成。——译者注

② 《伽萨》原为《亚斯纳》的一部分,因地位特殊,故被划分出来,作为单独的一卷。

③ 不仅《阿维斯塔》如此,《吠陀》和《图拉特》(摩西五经)等宗教典籍亦然。

让他们自己去试着开启这座宝殿的大门。值得庆幸的是，如今这方面有许多著述可资参考和借鉴，只要勤奋努力，不难有所收获。

《阿维斯塔》所用的语言，因这部圣书而得名，被称为阿维斯塔语[①]。这种古老的语言发源于伊朗东部，其盛衰嬗变的历史不详。有关这种语言的探讨文章和著述甚丰，恕不赘言。

简言之，阿维斯塔语是古代伊朗人的重要语言之一，它与印度梵语和古波斯语[②]等雅利安人的古老语言相当接近。有不少阿维斯塔语词稍经变化后，即被新波斯语[③]所吸收。

阿维斯塔文堪称世界上最完美的文字之一，被称为"丁·达比拉"，亦作"丁·达比里"，意即"宗教文字"，专门用来书写宗教著述。

关于阿维斯塔文的产生和使用情况，多有论述，不必饶舌。为使读者一睹用丁·达比里文书写的《阿维斯塔》原貌，兹录《伽萨》颂诗一首，即《亚斯纳》第四十七章第一节如下。（略）

毋庸置疑，每个有道德、有学识的伊朗人，当得知卷帙浩繁的《阿维斯塔》大部分业已散佚时，心情都会十分沉重，并为波斯古经遭此厄运而深感痛惜。然而历史是冷酷无情的，也是无法改变的。我们今天所能做的，只有借助于古籍经文的断简残篇和古代宫殿的颓垣断壁，去探知祖先的优秀文化和光辉思想，通过对历史的回

① 阿维斯塔语系伊朗最古老的语言之一，与印度吠陀梵语相近似，甚至比它与古波斯语的关系更密切。——译者注

② 古波斯语系伊朗阿契美尼德王朝（公元前550—前331年）时期的国语，用楔形文字书写，如著名的比斯通山岩铭文等，流传至今仅存五六百个单词。——译者注

③ 所谓新波斯语，亦即达里波斯语，系阿拉伯人入主波斯（7世纪中叶）后逐渐兴起的伊朗东部地区语言，约从9世纪中叶开始取代帕拉维语而成为伊斯兰时期伊朗的书面语言。——译者注

顾，吸取经验教训，为今后开辟前进的道路。

现存《阿维斯塔》虽然支离破碎、残缺不全，但却是吉光片羽、弥足珍贵的。透过波斯古经残卷，我们仍可窥见自己祖先的功业和伊朗民族的光辉历程。

从这面明镜里不难看到，远古时期生活在这块土地上的人们，具有纯洁、朴实的思想，他们豪情满怀，胸中洋溢着对自由的渴望。

按照他们的宇宙观，世界和世界上的一切事物全是阿胡拉·马兹达（唯一、万能之善界神主），或称斯潘德·迈纽（圣洁的智慧）所创造的，因而无不是美好的、可爱的和值得颂扬的。

世上所见到的一切丑恶、污秽、黑暗和灾难，全都是由恶魔阿赫里曼或称安格拉·迈纽（卑鄙、邪恶的本原）制造出来、带到人间的。

作为万物之灵的人类，不必受神秘莫测的天意的摆布和严酷无情的命运的支配。在善与恶、光明与黑暗激烈搏斗的战场上，每个人都以自己的愿望，在针锋相对的两大势力之间进行选择，决定取舍。

然而生活的准则告诉人们，应该坚定地站在斯潘德·迈纽一边，积极地投身于反对阿赫里曼的斗争中去，为彻底铲除世上的邪恶、黑暗和灾难而努力奋斗，直至生命的最后一息。

作为独立自主、自由自在的被造物，人类不应受任何命运法则的限制，外力不能强迫他选择自己的生活道路。世上每个人都有权利，也应该自由自在地生活，尽情地享受符合自己心愿的一切体现真、善、美的东西。

生活在人类眼里，不是黑暗的牢笼和阴森可怖的地狱，而是无限光明的大地和令人神往的天堂。世民百姓亲手建立起来的人间天堂，需要加以保卫，绝不允许阿赫里曼之类的魔鬼肆意捣乱和破坏。

世界并非不敬神的异教徒的天堂和虔诚的善男信女的牢狱，尘世乃是纯洁、善良和智慧的人们积极活动的场所。凡是回避矛盾、脱离斗争、不去体验战斗生活的乐趣和痛苦之人，无异于参与破坏世界的活动，充当万恶不赦的阿赫里曼的帮凶。

一切与贫穷、卑贱、耻辱、悲哀和忧伤有关的事，皆出自为非作歹的阿赫里曼。崇拜马兹达的信徒只承认和接受富足、体面、光荣和愉快的生活。

斯潘德·迈纽、阿姆沙斯潘丹和众神祇，代表着纯洁、真诚、善良和美满的自由生活；而阿赫里曼及其众妖魔和谎言崇拜者，则体现着污秽、虚伪、邪恶和灾难。

在善与恶两大势力之间，始终存在着尖锐激烈的斗争。心地善良、品德高尚和笃信正教的人们，将与阿胡拉·马兹达和众善神站在一起，同邪恶的阿赫里曼及其众妖魔展开不懈的斗争，时刻也不停息。

生活就是斯潘德·迈纽与阿赫里曼、纯洁与污秽、美好与丑陋、幸福与厄运激烈的搏斗。在这场关系重大的战斗中，最终的胜利必将属于流芳千古的斯潘德·迈纽，属于纯洁、美好和幸福的体现者。

人类乃是这场伟大斗争的参与者，是战场上的英雄。之所以能扮演如此重要的角色，是因为人类将协助斯潘德·迈纽彻底消灭阿赫里曼的邪恶势力，并致力于建设一个光明纯洁的世界。

阿胡拉·马兹达不是仅仅富于同情心的大慈大悲的造物主，更不是专横跋扈、狂妄暴虐的天神；而是纯洁、真诚、刚毅、坦率、守信的体现和象征，他的助神和创造物也应该具备这些美德。

阿胡拉·马兹达并不认为自己的意志和愿望高于一切，可以为所欲为；相反，他在开天辟地时，在与阿赫里曼的斗争中，总是召唤阿姆沙斯潘丹、诸善神和人类的众灵体前来相助。在他看来，这些神灵同自己一样，是完全值得颂扬和赞美的。不管是女性神还是男性神，他都一视同仁，对阿娜希塔就像对梅赫尔一样敬重。

妇女在生活中是男人的伴侣，她们应该像男人一样，受到同等的待遇和同等的称赞。

《阿维斯塔》的许多章节中都提到，家里有体面、贤惠而貌美的女人，乃是人们的一种美好愿望。

从《伽萨》颂诗可以看到，琐罗亚斯德允许女儿普鲁奇斯特自由选择丈夫，绝不强迫她接受自己的意见。这是多么有涵养而通情达理啊！

总之，波斯古经《阿维斯塔》充分地反映了我们令人尊敬的祖先的英勇、果敢、纯洁、真诚、宽容和乐观的美德，反映了他们对世界上一切事物的明智看法，并且表现出他们为世界繁荣和人类生活的幸福而奋斗不息的热情。

这就是以伊朗最早的诗人、纯洁而真诚的使者命名的琐罗亚斯德教的教义宗旨。

在琐罗亚斯德教的传统经典和古希腊史学家的著述中，都有琐罗亚斯德降生时面带微笑的描述。虽然这纯属神话传说，岂不恰好说明古波斯人的宗教是积极乐观的，主张自由和愉快生活的，与哀愁和悲伤风马牛不相及的吗?

大流士大帝[①]在他的碑志中写道:“伟大的天神阿胡拉·马兹达创造了地,创造了天,创造了人,并为人创造了欢乐。”[②]这难道是偶然的吗?不,这绝不是帝王的一时冲动,心血来潮!此乃我们祖先牢固的根基。惟其如此,我们祖先的生活日程里才排满了各种喜庆活动;而我们今天却有不少哀悼日。那熊熊燃烧的火堆放射出的光芒,在先人眼中,不啻是喜悦和欢乐之象征。倘若我们的国家——

“有朝一日,昼夜充满光明,
人们顶礼膜拜,馨香祷祝,
齐声把火、太阳和雨称颂;
到那时灵光闪耀,风景独好,
四季如春,一片欣欣向荣。”[③]

至今我们并未享受到此种神赐的恩惠,人们的内心深处积淀着悲戚和忧伤。究其原因,不仅在社会的底层,还在于国家及其引进的不良教育制度,以及我们对光辉灿烂的古代文化宝库的忽视和冷漠。

---

① 大流士(公元前 522—前 486 年在位),伊朗阿契美尼德王朝的著名国君。——译者注

② 引自比斯通山(位于伊朗克尔曼沙赫附近)的石刻铭文。——译者注

③ 引自 M. 奥米德(马赫迪·埃赫旺·萨莱斯):《桑格斯坦国王的故事》,载《图书指南》月刊,第 4 期,第 5—6 号,第 420 页。

M. 奥米德(1928—),伊朗现代象征主义诗人。——译者注

长期以来，我们不分青红皂白地接受国外那些诱人的东西，而忽略了自己的家藏珍宝。我们没有认真地思考，自己到底是什么人？住在什么地方？应该做什么事？诸如此类的问题确实发人深省。

如果伊朗人今后不再把《阿维斯塔》仅仅视为宗教经典，而是把它当作伟大的古代文献进行深入地研究，并从祖先那里学到追求自由、热爱国家、英勇无畏和纯洁高尚等优良品质，那将令人感到莫大的欣慰。

本书编者若是看到他的劳动能在这方面起到一丁点作用，那就算得到了应有的报偿，从而受到鼓舞。因为他像其他伊朗人一样，深知广大国民由于精神不振而长期裹足不前，并因此而感到苦闷彷徨。让思想僵化、意志消沉的冰山，早日融化为勤奋工作、积极进取、奔腾不息的江河吧！真主保佑，但愿如此。

《阿维斯塔》不仅早在古代已闻名于世，而且在经过中世纪数百年的恐怖和黑暗之后的今天，仍以其夺目的光辉引起许多西方著名学者的关注。他们不惜倾注毕生的精力潜心钻研《阿维斯塔》，摈弃宗教狂热和偏见，揩去这部宝典上积存的尘土，使之焕然一新，成为反映古波斯人精神面貌的明镜。而今，这些学者的学术论著传播到世界各地，为有志于此的读者提供了方便。

只要翻阅一下盖尔德内(Geldner)、尤斯蒂(Justi)、巴尔托洛梅(Bartholomae)、施皮格尔(Spiegel)、达尔梅斯泰特(Darmesteter)、梅莱(Meillet)和杰克逊(Jackson)等学者的有关著述，便可了解他们付出了多少精力和心血。我们确是受益者，应该做出加倍的努力。

有些人非但不知感恩，反而贬低西方学者科研成果的价值，认为那些著述算不了什么，这种态度是不足取的。我们应该尊重他们的劳动，感谢他们作出的贡献，称赞他们的非凡毅力和远大志向。

在伊朗，易卜拉欣·普尔·达乌德教授不愧是以科学方法重新认识和研究《阿维斯塔》的先驱。早在40年前，他就着手从事这项意义重大的工作。正是他，将《阿维斯塔》从一部琐罗亚斯德教祭司手中的祈祷书，变成具有科学价值的伟大著述。

普尔·达乌德教授的《〈阿维斯塔〉校注》问世之前，凡乎所有的伊朗人对这部圣书都不甚了然，只知道一些有关的历史传说和支离破碎的神话故事。如果说普尔·达乌德教授的卓越贡献赋予被淡忘了的《阿维斯塔》以新的生命，绝非言过其实。

正如教授本人所多次指出的那样，他的《〈阿维斯塔〉校注》是在东西方学者各种译注本的基础上进行的。显而易见，在校注过程中，教授不仅参考和利用西方学者的科研成果，而且将其与自己多年来潜心研究的收获糅为一体，终于完成了波斯语《〈阿维斯塔〉校注》这部力作，把它奉献给广大读者。

普尔·达乌德教授翻译和注释《阿维斯塔》时，对疑难词句详加注解，并在各部分开头附有繁简不一的导言，以说明与之有关的历史、文化背景以及宗教方面的情况。

普尔·达乌德教授的波斯文《〈阿维斯塔〉校注》现已刊印七卷，尚余两卷(《维斯帕拉德》和《万迪达德》)待出。这是一部宝贵的、使人受益无穷的杰作。有了它，许多疑难问题便可迎刃而解，不必再去翻阅诸种外国著述。

普尔·达乌德教授的《〈阿维斯塔〉校注》因是学术专著，对某些人可能不大适用;再者,购置多卷本的《〈阿维斯塔〉校注》——其中几卷书市上已脱销——也不那么容易。故此,普尔·达乌德教授选定我承担编辑此书的重任。编者自知才疏学浅,恐怕难以胜任。考虑到我从事的研究课题,时刻离不开教授的指点和帮助,这才鼓足勇气,毅然挑起这副重担,从去年开始在教授的亲自指导下着手编选《阿维斯塔》。

在编选本书的整个过程中,我始终与普尔·达乌德教授保持联系,每完成一部分都从头至尾念给他听。教授听得非常仔细,耳提面命,随时给予指教,使我获益匪浅。每当遇到晦涩的词句或疑难问题,便尽可能地查阅印度或欧洲出版的、附有详注的各种《阿维斯塔》版本,通过比较和鉴别,求得合理的解决。

应该衷心地感谢普尔·达乌德教授给予的具体指点和帮助。对他的谆谆教导,我将铭诸肺腑,并以作为他的学生而深感自豪。

编选本书时,本着适用和有益的原则,我没有对数千年前写成的这部古经进行逐章逐句的直译,而是酌加变动,必要时增加一两个词,均以方括号[]标出[①]。本书注释简略,只求适应大众需要。读者若嫌不足,欲深入了解某方面的学问,不妨查阅普尔·达乌德教授《〈阿维斯塔〉校注》的有关部分。本书每卷前面均附有导言,以使读者对该卷内容有概括的了解。编者无意从文学和语言学方面对问题进行深入探讨,这不是本书的旨趣所在。

编选此书绝非出自宗教狂热或民族偏见,唯求以纯正的波斯语进行翻译,除了不得已而使用的屈指可数的几个词之外,尽量不

① 另有解释性词句,均以圆括号()标出。——译者注

用非波斯语词，这大概算不上什么独出心裁。不妨说，将古人的圣书以其伟大祖国的纯正语言翻译出来，这正是尊重祖先和传统文化的一种表现，再何况圣书的内容本来就完全可以借助波斯语加以清晰地表述呢。

应该指出，促使我们重视《阿维斯塔》、长期不懈地对它进行研究的最大动力，正是出于对伊朗悠久的传统文化的浓厚兴趣和爱好。然而，必须认识到，这里所涉及的爱国主义是意义明确的、自觉的和光明磊落的。

我们既不相信那种虚伪骗人、幼稚可笑的爱国主义，它使人们闭耳塞听、故步自封，将一切美好的东西归于自己，把糟粕全推给人家，也绝不妄自菲薄，自暴自弃，对光辉灿烂的民族文化和祖先的高尚美德漠然置之，而一味地拜倒在西方文明的脚下，低三下四，自惭形秽。

我们认为，不应该把《阿维斯塔》和其他典籍文献，仅仅看作是某个民族的光荣记录，或者只是一首美妙动听的催眠曲，而应该视其为颂扬纯洁、善良、勤奋、自由的赞歌，它将激励我们这支疲惫不堪的商队重新振作起来，奋勇向前。

诚望尊敬的读者、教授和专家，阅罢此书之后，直言不讳地具体指出其中的缺点和纰漏，不必有所顾忌，因为个人的著述不可能尽善尽美；若是听不到批评意见，则难以改进自己的工作。

贾利尔·杜斯特哈赫

1962年5月31日于德黑兰

马兹达·亚斯纳颂歌[①]

易卜拉欣·普尔·达乌德　词

古拉姆·侯赛因·敏巴希扬　曲

天色破晓，雄鸡啼鸣，
皇宫内传出阵阵鼓声；
黑檀树上，洗涤器齐整，
穆贝德呵，请起身洗漱。
（唱）：“阿谢姆·沃胡”，（诵）：“亚塔·阿胡”[②]
（诵）：“亚塔·阿胡”，（唱）：“阿谢姆·沃胡”。

---

① 只译出歌词，曲谱略。——译者注

② “阿谢姆·沃胡”和“亚塔·阿胡”是琐罗亚斯德教两首重要的祈祷诗，现将其译出：

真诚乃是幸福的最佳食粮[和源泉]，
幸福属于[品行端正和]渴求至诚之人。

伟大的琐罗亚斯德因真诚而被选中，
那上界的首领[在自己行为的宝库]捍卫人们的善行，复活日之际将其奉献给马兹达。
马兹达的天国属于贫穷百姓的庇护者。

穆贝德呵,请动手点燃圣火,
让黑暗的帷幕在火焰中焚灼;
古老的宗教至今生机勃勃,
对光明之神不可冷淡亵渎。
(唱):“阿谢姆·沃胡”(诵):“亚塔·阿胡”,
(诵):“亚塔·阿胡”(唱):“阿谢姆·沃胡”。

在极其遥远的古代诞生,
光明的宗教香火仍兴盛;
仔细阅读那传世古经,
先哲的教诲醒人耳目。
(唱):“阿谢姆·沃胡”(诵):“亚塔·阿胡”,
(诵):“亚塔·阿胡”(唱):“阿谢姆·沃胡”。

世界并未充满友情和欢颜,
情人的秀发至今蓬乱不堪,
郁金香依然遭受霜冷露寒,
切莫走近深渊,误入歧途!
(唱):“阿谢姆·沃胡”(诵):“亚塔·阿胡”,
(诵):“亚塔·阿胡”(唱):“阿谢姆·沃胡”。

勤奋的劳动者理应真诚,
战场厮杀就要大显威风;
对邪恶的魔鬼相斗无情,
纯洁而善良,一如先宗列祖。

(唱):"阿谢姆·沃胡"(诵):"亚塔·阿胡",
(诵):"亚塔·阿胡"(唱):"阿谢姆·沃胡"。

欲求欢乐,先须经受折磨,
竭力推翻阿赫里曼的宝座;
让祖国摆脱那妖魔的枷锁,
到那时功成名就光耀千古。
(唱):"阿谢姆·沃胡"(诵):"亚塔·阿胡",
(诵):"亚塔·阿胡"(唱):"阿谢姆·沃胡"。

倘若心田中满怀友好,
倘若对敌人怒火中烧,
倘若念念不忘家乡父老,
就请饮陈年老酒作祝福。
(唱):"阿谢姆·沃胡"(诵):"亚塔·阿胡",
(诵):"亚塔·阿胡"(唱):"阿谢姆·沃胡"。

对稀世珍宝切莫掉以轻心,
这先哲古训不可置若罔闻,
真诚地聆听,真诚地畅吟,
真诚地述说,真诚地领悟。
(唱):"阿谢姆·沃胡"(诵):"亚塔·阿胡",
(诵):"亚塔·阿胡"(唱):"阿谢姆·沃胡"。

琐罗亚斯德的千古绝唱，令我这个写诗的人着迷，情不自禁地聆听他来自天国的美妙歌声。

——泰戈尔[①]

① 拉宾德拉纳特·泰戈尔（1861—1941），印度著名诗人，小说家和哲学家。——译者注

这件事发生在很久很久以前，
长出一棵大树挺立在人世间。
从古什塔斯布的庭院延伸到王宫前，
这棵树根深枝茂，非同一般。
那叶子是教诲，那果实是智慧，
得大树荫庇而长生不老者是谁？
名叫琐罗亚斯德的人，幸福无比，
他置十恶不赦的阿赫里曼于死地！

——达吉吉[①]

① 达吉吉(978—?)，伊斯兰时期伊朗萨曼王朝(874—999)的宫廷诗人，其诗作《古什塔斯布传》被菲尔多西收录于史诗《王书》。——译者注

第一卷

伽　　　萨

《伽萨》又称“琐罗亚斯德之歌”，是《阿维斯塔》中最古老的诗篇。《伽萨》原为《亚斯纳》的组成部分，因是“马兹达·亚斯纳”[①]的先知琐罗亚斯德本人吟咏的颂歌，享有特殊地位，故被抽出来，作为单独的一卷。

此外，《伽萨》颂歌的语言不同于《阿维斯塔》各卷以及《亚斯纳》其余部分，在韵律节奏、遣词造句和写作方法等方面，显得尤为古朴。

《亚斯纳》共有七十二章，“章”称为“哈”(Hā)或“哈特”(Hāt)；《伽萨》包括《亚斯纳》的十七章。

《伽萨》每章(哈特)分为若干节。根据诗节中颂歌的韵律变化和音节多少，可将《伽萨》划分为五篇，分别冠以不同的名称。

现存《伽萨》各篇均以其首节诗的第一个词命名，唯独首篇(阿胡纳瓦德·伽萨)例外，其名称出自“亚塔·阿胡·瓦伊里尤……”颂歌——原先可能是首篇《伽萨》的开头诗，现为《亚斯纳》第二十七章第十三节。“伽萨”一词在《阿维斯塔》中被称为 Gāthā，意为“颂歌”，相当于梵文中的“偈颂”，其字形、词义均无变化；中波斯语(帕拉维语)称之为“伽斯”(Gās)，复数形式为“伽桑”(Gāsān)。

---

① 意即“马兹达教”，后称琐罗亚斯德教。国人称之为袄教或拜火教。——译者注

婆罗门教圣书《吠陀》(Vedā)中的偈颂诗出现在散文叙述之后,在佛教经典中亦然。

从琐罗亚斯德的《伽萨》颂歌来看,其前面显然曾有过规劝、训诫之类的文字,然而迄今已荡然无存。某些《伽萨》颂诗之所以显得无头无尾或前后脱节,其原因大概正在于此。

如前所述,每篇《伽萨》包括若干"哈特"(章),每"哈特"包括若干诗节,现将五篇《伽萨》的结构和音节组成简介如下:

第一篇——阿胡纳瓦德·伽萨(Ahunavad-Gāthā),七章(《亚斯纳》第二十八—三十四章),一百节,每节三句,每句十六个音节,在第七个音节后顿开(7+9)。

第二篇——奥什塔瓦德·伽萨(Oshtavad-Gāthā),四章(《亚斯纳》第四十三—四十六章),六十六节,每节五句,每句十一个音节,在第四个音节后顿开(4+7)。

第三篇——塞潘特马德·伽萨(Sepantmad-Gāthā),四章(《亚斯纳》第四十七—五十章),四十一节,每节四句,每句十一个音节,在第四个音节后顿开(4+7)。

第四篇——沃胡赫什塔尔·伽萨(Vohukhshtar-Gāthā),一章(《亚斯纳》第五十一章),二十二节,每节三句,每句十四个音节,在中间第七个音节后顿开(7+7)。

第五篇——瓦希什图伊什特·伽萨(Vahīshtoīsht-Gāthā),一章(《亚斯纳》第五十三章),九节,每节四句,两长两短,长句十九个音节,分别在第七和第十四个音节后顿开(7+7+5);短句十二个音节,在第七个音节后顿开(7+5)。

不言而喻，《伽萨》颂诗是一种音节体诗[①]。

* * * * * * * * *

“马兹达·亚斯纳”教的先知琐罗亚斯德在令人振奋、流芳千古的颂诗里，以富有诗意的语言、奔放的热情和深邃的思考，言简意赅地阐述了他的世界观、纯洁的美德和伟大的宗教原则。

《伽萨》颂诗的读者虽然不可能对“马兹达·亚斯纳”教信仰的各个方面一览无余，洞悉它的全部奥秘，但是，肯定可以领略到令人赏心悦目的纯洁、真诚和自由的美景，在硕果累累的伊朗宗教的大树荫庇下，兴致勃勃地尽情观赏，信步走进一个奇妙的世界。

《伽萨》堪称伊朗流传至今最为古老的诗集，它经历无数次的劫难，从邪恶、污秽的妖魔鬼怪的魔掌中得以保存下来，实在是弥足珍贵。《伽萨》颂诗的字里行间洋溢着对纯洁、善良和自由的赞美，对人民幸福和欢乐的祝福。

① Sylabic。

第一篇　阿胡纳瓦德·伽萨

《亚斯纳》第二十八章

一

呵，马兹达[①]！当此致祭行礼之际，我高擎双手，为所有斯潘德·迈纽[②]的造物祈求安宁、庇护和欢乐。

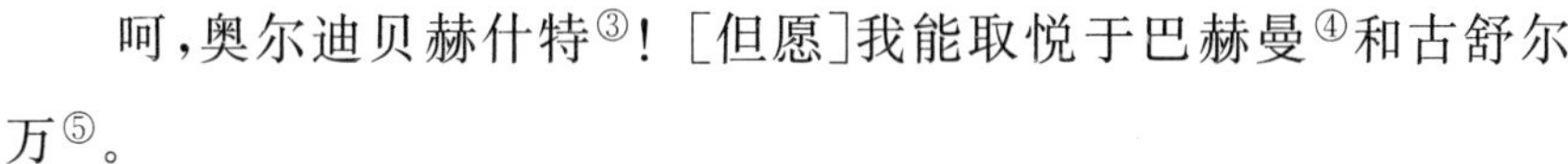

呵，奥尔迪贝赫什特[③]！［但愿］我能取悦于巴赫曼[④]和古舒尔万[⑤]。

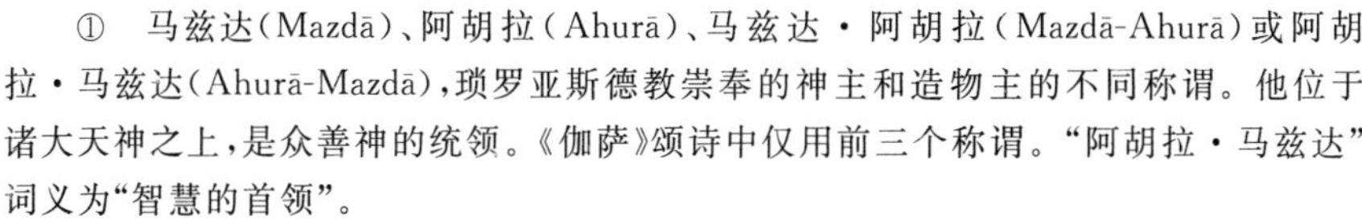

① 马兹达(Mazdā)、阿胡拉(Ahurā)、马兹达·阿胡拉(Mazdā-Ahurā)或阿胡拉·马兹达(Ahurā-Mazdā)，琐罗亚斯德教崇奉的神主和造物主的不同称谓。他位于诸大天神之上，是众善神的统领。《伽萨》颂诗中仅用前三个称谓。“阿胡拉·马兹达”词义为“智慧的首领”。

② Spand-Mainyu，乃造物主之纯洁的智慧，有时他的名字排列在诸大天神(阿姆沙斯潘丹)的最前面。

③ Ordībehesht，第二位大天神，在天国代表阿胡拉·马兹达的真诚和纯洁，在尘世为火的庇护神。

④ Bahman，第一位大天神，代表阿胡拉·马兹达的善思和智慧，负责向人类传授善言。

⑤ 牲畜的灵魂，有益动物的庇护神。

二

呵，马兹达·阿胡拉！通过奥尔迪贝赫什特对纯洁、善良者的佑助，请将尘世和天国[①]的幸福恩赐于我——向你顶礼膜拜的虔诚信徒。

三

呵，奥尔迪贝赫什特！我以新教的礼仪赞美你，赞美巴赫曼、马兹达·阿胡拉和塞潘达尔马兹[②]——她为纯洁、虔诚的信徒安排好永恒的天国。

当此祈求神佑之际，请助我一臂之力。

四

我深信以巴赫曼的佑助，能够保护人的灵魂[③]。因为我知道马兹达·阿胡拉对善行的奖励。

我将引导人们皈依正教，为此而竭尽全力。

五

亲眼目睹奥尔迪贝赫什特和巴赫曼、阿胡拉光辉灿烂的天宫

---

① 指另外的世界，天上的世界，人死后的归宿。

② Sepandārmadh，亦即波斯语中的"埃斯梵德"，第四位大天神，词义为"虔诚和谦恭"。她在天国代表阿胡拉·马兹达的仁慈、坚韧和谦逊，在尘世负责保护土地，使之肥沃富饶，被认为是女性神。为鼓励人们从事农耕和土地开发，特尊奉她为阿胡拉·马兹达的女儿，这正如人们出于敬重，尊称圣火之神阿扎尔为阿胡拉·马兹达之子一样。

③ 灵魂乃人体内所具有的五种潜力之一。人死后，其灵魂不灭。

以及马兹达虔诚信徒的那一天何时到来?

我将以此伟大的说教,把破坏分子和魔鬼崇拜者引上正途,皈依正教。

六

呵,马兹达!通过你的教诲赐福于琐罗亚斯德,让他具备善良、宽容、坚韧和真诚的美德。

呵,阿胡拉!恩赐我们以有力的庇护者和杰出的助手,让我们在斗争中克敌制胜。

七

呵,奥尔迪贝赫什特!恩赐古什塔斯布[①]以幸福、奖赏、欢乐和善良的品德。

呵,塞潘达尔马兹!请满足他的愿望和祈求。

呵,马兹达!呵,神主!给自己的使者以力量,让他尽情吟咏赞美你的诗歌。

八

呵,善神!我向你求善。呵,关怀体贴虔诚者的阿胡拉!我为弗拉舒什塔尔[②],为自己,为所有你所宽恕的人,祈求永恒的善良

① Goshtāsb,传说中伊朗凯扬王朝的一位君主。根据《王书》故事和《阿维斯塔》记载,他与琐罗亚斯德为同时代人,率先皈依和赞助琐罗亚斯德教。

② Frashushtar,古什塔斯布国王的大臣,另一大臣贾马斯布的兄弟,琐罗亚斯德的助手之一。

美德。

九

呵，马兹达·阿胡拉！呵，奥尔迪贝赫什特！呵，巴赫曼！绝不能因祈求获得这种善良而使你们为难。

应该尽力把自己的称颂和赞美奉献给你们。

正是你们最先使民众如愿以偿，享受天国的恩惠。

十

呵，马兹达·阿胡拉！让那些你认为是真诚而善良的智者心满意足，获得成功吧！因为我知道向你祈求解脱的愿望和语言，是有效的和有益的。

十一

呵，马兹达！我将永远保持真诚和善良，因此，你定会以自己的智慧教导我，以自己的语言开导我，使我得知世界之初的情形。

《亚斯纳》第二十九章

一

古舒尔万面向造物主，哞哞地鸣冤诉苦：
"造出我来干什么？创造我的又是谁？
欺压、残酷、暴虐和专横令我难以忍受！

呵，造物主！
除了你，再没有人将我庇护；
而今请恩赐我以农夫的欢乐和幸福！”

二

牲畜的创造者问奥尔迪贝赫什特：
“你认为谁能为牲畜提供牧场和良田，并对它们加以保护？
你选择何人去庇佑牲畜，并能阻止谎言欺骗和行为粗鲁？”

三

奥尔迪贝赫什特回禀造物主：
“世上至今还没有笃信宗教、仁爱慈善的牲畜庇护人！
众百姓还不懂得[应该]与下属和睦相处。
世民中最强有力者，乃是呼唤我前去佑助之人……

四

这之前，世民和众妖魔做过什么；尔后，他们将做什么，马兹达对此了如指掌。

还尘世以公道，惟阿胡拉才能办到。他的所思所想正是我们的愿望。”

五

“现在，我的灵魂[①]和受难的牲畜相信，我们会高擎双手，馨香祷祝，向马兹达祈求：

千万别让伪信者和众妖魔伤害牧民和虔诚的信徒。”

六

熟谙宗教的马兹达·阿胡拉，睿智而富有远见，他对古舒尔万说：

“世民百姓中至今还没有牲畜的庇护人。造物主仅为牧民和农夫创造了牲畜，以使他们日子富足，生活愉快。

七

至诚的马兹达·阿胡拉令世上的牲畜长得膘肥体壮，以便百姓遵照他的旨意享用它们。”

这时，古舒尔万转向巴赫曼问道：

“呵，巴赫曼！你可知世民中谁能充当牲畜的庇护者？”

八

巴赫曼答道：

“我所知的唯一人选是琐罗亚斯德·斯皮塔曼[②]，他信奉我们

---

① 此处指古舒尔万。

② Spitāman 或 Spitamān，或称斯皮塔马、埃斯皮塔曼和斯潘塔曼，是琐罗亚斯德的姓氏。

的宗教。

呵,马兹达!

应是他在世上传播我们的思想和正教。因为我已传授他令人心悦诚服的言教。”

九

古舒尔万抱怨道:

“我怎能满足于一个懦弱的庇护人发出低声细气的吟咏,而舍弃我所期待的强有力的统治者?

何年何月我才能有一位精明强干的至交?”

十

[琐罗亚斯德说:]

“呵,阿胡拉!呵,奥尔迪贝赫什特!呵,巴赫曼!既然你们使牲畜长得膘肥体壮,那就请选派一位能人,为它们提供上好的住宅和舒适安宁的生活。

呵,马兹达!

我坚信你是这位能人的最初创造者。

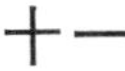

十一

哪里有真诚、善良和秩序?

世民百姓呀!请接受我和理解我的伟大宗教,以使你们享有真诚、善良和秩序。

呵,阿胡拉!

而今为维护你的意愿，我愤然而起。”

《亚斯纳》第三十章

一

现在我要把每位智者应该记住的事情，告诉那些非常想听和正在洗耳恭听的人们[①]。

我要述说对阿胡拉的颂扬和对巴赫曼的赞美。

我要说，凡牢记我的话并身体力行者，必将得到拯救和欢乐，如愿以偿地目睹真诚和天国的光辉。

二

复活日到来之前，要聆听重要的教诲，要清楚地识别两大宗教（马兹达教和阿赫里曼教）之间的对立，要明白随着时光的流逝，将以我们的胜利而告终。

三

最初两大本原孪生并存[②]，思想、言论和行动皆有善恶之分。善思者选择真诚本原，邪念者归从虚伪本原。

---

① 此处为琐罗亚斯德的说教。

② 世界之初的两大本原指斯潘德·迈纽和阿赫里曼，前者是善良和纯洁的源泉，后者为邪恶、虚伪和污秽的渊薮。

四

当这两大本原交会之际，巍峨壮观的生命宝殿起于善端，阴暗的死亡之窟立在恶端。

世界末日到来之时，真诚、善良者将在天国享受阿胡拉的恩典和光辉，虚伪、邪恶之徒将跌落阿赫里曼黑暗的地狱。

五

作为原始的两大本原之一，斯潘德·迈纽光辉灿烂，高大无比，辽阔无垠的天空像是披在他身上的彩衣。他同愉快地皈依正教并以其优良品行取悦于马兹达·阿胡拉的人们一起，选择了真诚和善良；专事欺骗的阿赫里曼则选择了邪恶和虚伪。

六

众迪弗[①]分辨不清善与恶，真诚与虚伪，当和他们进行交谈时，容易上当受骗，错误地选择邪恶。

……

于是，他们都向暴虐的[迪弗]顶礼膜拜，[以借其助，]破坏世民的生活。

① Deyv一词原意为“天神”、“造物主”，而琐罗亚斯德将与他的宗教信仰相悖的早先雅利安人信奉的一批神祇皆称作“迪弗”，视之为妖魔和阿赫里曼的走卒。

七

沙赫里瓦尔[①]、巴赫曼、奥尔迪贝赫什特和塞潘达尔马兹将给投靠真诚、善良本原者以支持和帮助，在为发扬真诚和铲除虚伪的斗争中，作他坚强的后盾；终审日之际，他将经受住熔铁的考验[②]，当着伪信者的面，率先迈步走向永恒的天国。

八

呵，马兹达！

当有罪之人和伪信者遭受惩罚时，巴赫曼将向为铲除虚伪和邪恶，为真诚和善良的胜利而奋斗的人们，敞开你永恒天国的大门，以此作为奖赏。

九

呵，马兹达！

但愿我们能跻身于改变生活者的行列。

呵，奥尔迪贝赫什特！呵，诸大天神！

请扶持和佑助我们，使[我们的]思想协调一致，绝不三心二意，大家都能明辨善恶。

---

① Shahrivar，第三位大天神（阿姆沙斯潘丹之一），在天国代表马兹达的统治和威严，在尘世负责保护金属和救助贫苦百姓。

② 熔铁的考验，即烈火的考验，复活日之际用以甄别马兹达信徒和魔鬼崇拜者。

十

是的，当真诚得胜、虚伪失败之时，赢得好名声的人们将在巴赫曼、马兹达和奥尔迪贝赫什特的巍峨宫殿相聚——此乃早已许诺他们的奖励。

十一

世民百姓呀！

若能理解马兹达下传人世的宗教，并熟悉追求真诚、善良者将享有的永恒安乐和谎言崇拜者将遭受的长期折磨，那未来的成功必将属于你们。

《亚斯纳》第三十一章

一

［呵，马兹达！呵，诸大天神！］

遵从你们的意旨，我还要讲那些令谎言崇拜者和真诚世界的破坏者感到扫兴和痛苦，而令倾心于马兹达的人感到满意和快乐的话：

二

世民百姓呀！

因为你们自己不能识别和选择正途，所以马兹达·阿胡拉鼓励我担当两大派（马兹达崇拜者和迪弗崇拜者）的仲裁者，派我下凡，为你们指明正途，以便齐心协力在正教基础上创建生活。

马兹达·阿胡拉了解我，并证明我的宗教千真万确。

三

呵，马兹达！

请你用自己的语言阐述正教中规定的对行善者和作恶者的奖惩，以使我明白，并召唤世民百姓皈依纯洁、真诚的宗教。

四

呵，巴赫曼！

每当奥尔迪贝赫什特、马兹达、塞潘达尔马兹、阿希[1]和诸大天神被祈求佑助时，我都诚望得到[一种]强有力的统治，以便借助它的恩惠和光芒战胜虚伪。

五

呵，巴赫曼！

请让我知道正教将恩赐于我的最高奖赏，以使我理解和记住人们为什么要忌妒我？

呵，马兹达·阿胡拉！

请让我知道将会发生的事和不会发生的事。

---

① Ashi，司财富和奖赏之神，又称阿尔特（Art）或阿尔德（Ard）。

六

但愿最高奖赏赐予那位智者，他使我得悉正教有关马兹达的天国——巴赫曼将为之修建——永恒、完美的说教。

七

世界之初，筹划建设光辉灿烂、尽善尽美的天国者，正是以其睿智而成为真诚缔造者的神主。

呵，马兹达！

你以自己的神力创建了天国。

呵，阿胡拉！

你在世界末日仍如创世之初一样，毫无二致。

八

呵，马兹达！

我以自己的眼睛窥见你，在心灵深处思念你。你乃最初和最末的存在，是善良之父；你拥有至诚，是世人行为的仲裁。

九

呵，马兹达·阿胡拉！

你给予牲畜以行动的自由：或者追随农夫，或者与游牧民相处。塞潘达尔马兹和创造牲畜的天国智慧皆归你所有。

十

其中有些[牲畜]，还有从事养畜业的农夫——他们将善的保护者，视为自己的主人。

呵，马兹达！

逐水草而居的游牧民（不从事农田耕作），无论怎么辛劳也享受不到[你的]佳音福祉。

十一

呵，马兹达！

你在世界之初创造了我们的灵魂；出于本性，恩赐我们以智慧，并将生命置于我们的躯壳。然后，你向我们宣示神启和善行，让每个人自由地选择宗教信仰。

十二

就在那时，谎言者和诚实者，愚者和智者都由衷地发出呼喊，两大本原各自召唤人们皈依自己的宗教。

塞潘达尔马兹总是帮助那些彷徨歧途、对选择宗教犹犹豫豫、拿不定主意者的灵魂。

十三

呵，马兹达！

你明察秋毫，对终审日将进行宣判的每种公开的或隐蔽的行为，乃至任何出于不慎、一时犯下的微小罪过全都了如指掌。

十四

呵,阿胡拉!

我要问你:那已逝去的和将要发生的事情,正教徒应该做的祈祷和颂扬,以及纯洁和不洁之人可能得到的奖惩。

呵,马兹达!

这一切在世界末日将是怎样的情景?

十五

呵,马兹达!

我要问你:对使不洁的伪信者就范之人的奖赏是什么?

呵,阿胡拉!

[我要问你:]专事欺压品行端正的农夫和牲畜的恶人,将受到什么惩处?

十六

呵,马兹达·阿胡拉!

我要问你:那确实为增强家庭、村社和国家的力量而奋斗不息的善思者,果真会像你一样吗?

呵,马兹达·阿胡拉!

那人应该怎么做,又在何时才能如愿以偿?

十七

呵,阿胡拉!

最杰出的虔诚信徒和头号的骗子是谁？

智者应该使聪明人知道这个问题的答案。绝不能再让愚者到处行骗！

呵，马兹达！

愿你成为我们从善的导师。

十八

你们当中任何人不可听信伪信者的说教，因为[那为非作歹之徒]肆意破坏家庭、村社和国家。

[世民百姓呀！]

作好战斗的准备，[拿起武器]将[伪信者]赶出自己的家园！

十九

呵，阿胡拉！

应该聆听真诚的思念者、医治生活创伤的智者和面对熊熊之火却像应该做的那样敢于直言者的[述说]。

呵，马兹达！

请及时给予马兹达信徒和魔鬼崇拜者以应有的奖赏和惩罚！

二十

让那追随真诚的人今后远离厄运和不幸，免遭长期的痛苦，不再发出悲叹和哀号。

听信谎言的人们呀！

假如你们的行为和信仰将你们引向那里，其结果只能是如此可悲的命运！

二十一

马兹达·阿胡拉将把自己至高无上的统治和神威，把体现完美、真诚、力量、善良和不朽的持久和谐，恩赐给在思想和行动上与他保持一致的朋友和助手。

二十二

这位善思者①将出现在本性与之相通的人面前。正是他以自己的言行，维护着真诚和马兹达永恒的天国。

呵，马兹达·阿胡拉！

他将是你最得力的助手。

《亚斯纳》第三十二章

一

呵，自由的人们！呵，农夫们！呵，众首领！呵，众妖魔！为取悦马兹达·阿胡拉，你们要聆听我的教诲，唯命是从。

[自由民、农夫和众首领回答琐罗亚斯德：]

[我们]甘愿做你的忠实奴仆，并驱逐邪恶和不洁之徒。

① 此处指琐罗亚斯德。

二

具有善良美德的唯一之神主马兹达·阿胡拉，是善的伴侣，是闪光的真诚，他以自己的神力，向人们宣告：

因为你们虔诚而纯朴，所以选择你们作为我的[选民]。

三

众妖魔呀！

你们全属于邪恶本质[①]的家族。凡长期崇拜你们者，乃狂妄、虚伪之徒。你们以自己的所作所为，早已在第七个国家[②]臭名昭著。

四

自从你们发号施令以来，一直在实行暴政。

那些远离善本原，与马兹达·阿胡拉的智慧和真诚背道而驰的人们，理应称之为妖魔的朋友。

五

众妖魔呀！

你们以阿赫里曼传授给你们和伪信者的卑鄙、邪恶的思想、言论和行动，蒙骗百姓，使之偏离永恒、美好的生活轨道！

---

① 指安格拉·迈纽，亦即阿赫里曼。

② 以古人之见，世界被划分为七个国家或地区。据阿布·曼苏尔的《王书》序言和其他文献记载，伊朗是第七个国家。

六

呵，阿胡拉！

尽管[格拉赫马][1]因作恶多端而气焰嚣张，但你对每个人应得的奖惩却心中有数。出于公道，你洞察一切，赏罚分明。

呵，马兹达！

[世界末日]之际，你的意旨和正教在天国畅达无阻。

七

智者不该犯下任何罪过。须知，灵魂的得救和美好奖赏的享有，皆取决于熔铁[的考验]。

呵，马兹达·阿胡拉！

你最了解罪犯的下场。

八

众所周知的罪人[之一]，是贾姆·维万格罕[2]，他曾教会人们食肉，以此取悦百姓。

呵，马兹达！

千万别使我[3]成为这样的罪人，让我远离诸如此类的罪恶。

---

① Grahmā，迪弗教的一位首领，或伪信者的先知。

② Jam-Vīvanghān，贾姆希德之父。有关贾姆希德的故事详见后文。

③ 此处指琐罗亚斯德。

九

邪恶的教唆者使用肮脏的语言，以其蛊惑宣传，竭力阻挠生活的智慧与善良一起得到发展，受人重视。

呵，马兹达！呵，奥尔迪贝赫什特！

我以肺腑之言，向你们申诉抱怨。

十

正是他[①]，用恶毒的语言污蔑、攻击牲畜和太阳，正如人们亲眼目睹的那样，把智者硬说成为谎言崇拜者，将耕地糟蹋成荒漠，并向真诚的教徒挥舞板斧。

十一

正是伪信者破坏了生活，[并]千方百计地阻挠善男信女获得神的宽恕。

呵，马兹达！

他们使真诚的教徒背离至善的原则。

十二

他们教唆百姓弃善从恶。

马兹达厌恶那些狂呼乱叫、恣意屠杀牲畜的歹徒。

---

① 指邪恶的教唆者。

他们与格拉赫马及其一伙，还有卡拉潘[①]沆瀣一气，选中伪信者的统治，妄自尊大，不可一世。

十三

复活日到来之际，格拉赫马和所有的世界破坏者必将跌落地狱——那污秽、邪恶思想的暗窟。

呵，马兹达！

这些不洁之人因你的使者如愿以偿——这使他们无缘得见天国（真诚的宫殿），而越发气急败坏，恼怒异常。

十四

长期以来，格拉赫马和众卡维[②]为了欺压和刁难他[③]，甚至不惜放弃自己的立场，丧心病狂，无恶不作，以支援伪信者。

他们强迫其追随者宰割牲畜，并扬言要以血的祭礼，求得祛除死亡的[豪麻][④]之佑助。

---

① Karapan，迪弗教一批首领的名字。

② Kavi，词义为“君主”和“统领”。此处琐罗亚斯德用来称呼信奉迪弗教的雅利安人的首领。

③ 指琐罗亚斯德。

④ Haorna（阿维斯塔语，或称 Hōm，帕拉维语，亦称 Houm，波斯语。——译者注），印度人称之为苏摩（Soma），是一种从同名药草中榨取的汁液，在宗教节日和致祭行礼时供人饮用。“祛除死亡”是它的固定修饰语。人们像崇奉神灵一样地向豪麻（胡姆）祈求佑助。此处琐罗亚斯德贬责这种饮料，但在《亚斯纳》第九章胡姆却受到礼赞（详见后文）。这种变化无疑是雅利安人传统习俗的影响所致，在教主琐罗亚斯德死后，逐渐渗透到琐罗亚斯德教义理之中。

十五

众卡维和卡拉潘在世界末日将遭受严厉的惩罚，正如今日受他们虐待和欺凌、失去生活自由的人们所遭遇的那样，而被压迫者将跻身于善良的大家庭（天国）。

十六

世上最宝贵的东西，是虔诚者的说教——聪慧和领悟的结晶。

呵，马兹达·阿胡拉！

请恩赐我力量，以战胜那些凌辱和恐吓我的人，并能阻止伪信者欺压我的朋友。

《亚斯纳》第三十三章

一

正如创世之初那样，[世界末日之际]仲裁者将对正教徒和伪信者以及其行为善恶参半者，做出最公正、严明的裁决和处置。

二

以其思想、言论和行动给伪信者以打击，或者教育他们从善，引导他们皈依正教之人，将使马兹达·阿胡拉的愿望得以实现。

三

凡为正教徒——自由民、首领、农夫和牧民，祈求至善和福祉之人，终有一天将会到达真诚、善良的青草地①。

呵，马兹达！

正是我以对你的崇拜，[从]人们心头抹去悖逆和邪恶的[铜锈]，使自由民摆脱强暴的[魔掌]，使农夫避开崇信谎言的邻居，使首领免遭诽谤和中伤，使牧场和耕地不再受为非作歹者的蹂躏。

五

呵，马兹达！

到那时，为了至诚和善的天国，我将在马兹达·阿胡拉与之相处的人们那里获得永生。愿你最得力的助手索鲁什②予我以佑助。

六

我正是那以正教信仰[为百姓指明]正途的首领。现在我祈求巴赫曼教会我种田，让我勤恳地务农。

呵，马兹达·阿胡拉！

我满怀希望，但愿能与巴赫曼和奥尔迪贝赫什特相会，与他们促膝交谈。

---

① 暗喻天国。

② Soroush，遵命之神，传令天使，夜间负责保护马兹达美好的造物。

七

呵，马兹达！呵，奥尔迪贝赫什特！呵，巴赫曼！呵，众善神！

请降临到我身边，展现你们的[光芒]，以使祭司之外的人们也聆听我的说教。我们当中应该不乏尊贵者和[品德高尚]的祈祷者。

八

呵，巴赫曼！

但愿你关注我向你提出的恳求。

呵，马兹达！呵，奥尔迪贝赫什特！

但愿你们能听到我奉献给你们的颂歌和[祷祝]！

呵，霍尔达德[①]！呵，阿莫尔达德[②]！

为了我的祈祷和赞美，请恩赐你们永恒的福佑！

九

呵，马兹达！

愿你[纯洁]的智慧，以及你至诚的两位助手（霍尔达德和阿莫尔达德）的安乐，将最优良的品德赐予追随我的宗教，选择真诚、善

---

① Khordād，词义为“优秀”、“完美”。第五位大天神（阿姆沙斯潘丹之一），在天国代表阿胡拉的完美无瑕，在尘世负责保护水（应该指出，由于水的重要性，还有另外的保护神。详见后文）。

② Amordād，词义为“永恒”、“不朽”。第六位大天神（阿姆沙斯潘丹之一），在天国代表马兹达的永恒和不朽，在尘世负责保护植物。

良道路之人。

愿我们(虔诚的信徒)享有两位神明(霍尔达德和阿莫尔达德)的佑助,他们的圣灵是独一无二的。

十

呵,马兹达!

请将属于你的生活的欢乐和[幸福](无论过去、现在和将来),按照你[在]尘世的意愿,恩赐给我们。

通过巴赫曼的协助,增加我们的快乐。

在沙赫里瓦尔和奥尔迪贝赫什特的庇佑下,拯救我们的躯体。

十一

呵,无所不能的马兹达·阿胡拉!呵,塞潘达尔马兹!呵,扩展世界的奥尔迪贝赫什特!呵,巴赫曼!呵,沙赫里瓦尔!

请听我的[祈求]

当奖惩世民的时刻到来之际,切勿吝惜慈悲和怜悯!

十二

呵,阿胡拉!

请多加关照:通过塞潘达尔马兹赐我以强健的体魄;通过纯洁的圣灵赐我以力量作为奖赏;通过奥尔迪贝赫什特赐我以超群的技艺;通过巴赫曼赐我以恩惠!

十三

呵，阿胡拉！呵，品德高尚、教人从善的塞潘达尔马兹！呵，独具慧眼的[众神灵]！

为了庇护我，将你们国家（天国）的无价之宝，如同善良的美德一样，恩赐予我吧！

十四

琐罗亚斯德将自己的生活，无与伦比的善思、善言和善行，以及对正教的服从和力量，全都奉献给马兹达的天宫。

《亚斯纳》第三十四章

一

呵，马兹达！

我们祈求恩赐那样的思想、言论和行动——你将赋予其所有者以永恒的[生活]、真诚的[世界]和完美的国度。

二

呵，马兹达！

其灵魂与真诚相融合的虔诚信徒[①]，将以祷祝和颂歌，把笃信

① 指琐罗亚斯德。

宗教、品德优良者的思想和行为奉献给你。

三

呵，阿胡拉！呵，奥尔迪贝赫什特！

我们馨香祷祝，向你们供奉马亚兹德①，但求世民百姓能享有永恒天国的福祉。

呵，马兹达！

善思之人时刻享有你的恩惠。

四

呵，阿胡拉！

我们向你的具有真诚力量的阿扎尔、向那在［正确的］指示里曾提到的强者祈求，愿他公开地赐予朋友以欢乐［和幸福］，并按照你的旨意，使敌人遭受［不幸］和痛苦。

五

呵，马兹达！呵，奥尔迪贝赫什特！呵，巴赫曼！

而今我与你们联系在一起。为了庇护贫苦百姓，你们采取什么措施以强化统治呢？

我们驱逐了所有的破坏者、众妖魔和［伪信者］，已与他们分道扬镳。

① Mayazd，敬奉神祇的非流质的固体供品。

六

呵，马兹达！呵，奥尔迪贝赫什特！呵，巴赫曼！

你们确实[强大无比]，这意味着我将能够治理和改变这个世界。让我更加愉快地以祈祷和赞美回报你们。

七

呵，马兹达！

你认为高尚的人——他们信守誓约，纯洁善良，虽蒙受敌人的百般折磨，仍机智地使百姓聆听正教的教诲，都是谁呢？

呵，奥尔迪贝赫什特！

除你之外，我谁也不认。请庇佑我[和所有的善思者]。

八

呵，马兹达！

[崇拜妖魔的众首领]以其凶残、卑劣的举动威胁、恫吓我们[马兹达的信徒]。

[崇拜妖魔的众首领]比我强大，对你的宗教怀有敌意。

对信仰正教无所用心的人们在世界末日将与[永恒的天国]无缘。

九

呵，马兹达！

那些以丑恶的行径亵渎塞潘达尔马兹——为智者所崇敬的神

明——的人，不可能具备善的美德，他们与正教天差地远，不啻野兽之于人类。

十

呵，马兹达·阿胡拉！

出于对你的天国的期待，智者谆谆教导[我们]要具备善行和美德，要[赞颂]真诚之友、万能的塞潘达尔马兹。

十一

[呵，阿胡拉！]

你的完美和永恒在两个世界如同神力一般有效。

巴赫曼、奥尔迪贝赫什特和塞潘达尔马兹的天国坚固而结实。

呵，马兹达！

你将使与你的仇敌作战的人赢得胜利。

十二

呵，马兹达！

你的宗教是什么？你的意愿是什么？对你的礼赞又是什么？

请答复这一切，让[世民百姓]听清楚！

请把阿希将赐予[人们]的奖赏再说一遍！

让我们明确知道善的坦途！

十三

呵，阿胡拉！

[请再次指明]你对我说过的那条从善之路！那条真诚铺就的康庄大道，苏什扬特[1]的灵魂将经过那里去领受曾给善思者带来福音的奖赏（你所恩赐的奖赏）。

十四

呵，是的，马兹达！

你将把这种期待已久的奖赏，通过尘世生活中的善行和美德，恩赐给农夫和精心饲养牲畜的人们。

因为这符合你的宗教信条。呵，阿胡拉！那智慧的宗教，得助于真诚，扩大了农夫[和牧民]的影响。

十五

呵，马兹达！

请让我了解最佳的言行！

呵，阿胡拉！呵，巴赫曼！呵，奥尔迪贝赫什特！

请以你们的神力，让我知道作为奴仆应尽义务的那种祈祷，以使生活按照你们的意愿变得更加美好。

---

① Saoshyānt，词义为“拯救者”，亦即正教的三位隐遁先知，尤其是他们当中的第三位。在琐罗亚斯德过世后的第一、第二和第三个千年中，他的三个后裔将相继降世，拯救世界于阿赫里曼造成的灾难之中。文中用复数形式，是泛指三位隐遁先知，并非他们的具体名字。

第二篇　奥什塔瓦德·伽萨

《亚斯纳》第四十三章

一

我由衷地祈求令人遂愿的马兹达·阿胡拉，让每个人都能称心如意。

呵，塞潘达尔马兹！

请把获得永恒力量、具备真诚美德、享有优厚嘉奖和美好生活的恩惠赐予我。

二

呵，马兹达！

以你最纯洁的智慧，满足渴求天国幸福的人吧！但愿最美好的[东西]：你[每天]通过真诚恩赐的善良美德和永恒的生活乐趣，归他所有！

三

那出类拔萃的超人[①]，在这尘世的生活和［那］天国的生活中，引导我们走上［有益的］正途。阿胡拉和他纯洁的造物就在这正途的终端居住。

呵，马兹达！

那高尚的人像你一样纯洁，明辨是非善恶，他成为我们的［引路人］。

四

呵，马兹达！

我知道你［在天国］强大而纯洁。

你掌握着奖赏［和惩罚］，以区别对待正教徒和伪信者。善的威力通过你的阿扎尔的火光——其力量来自真诚，将降临到我身上。

五

呵，马兹达·阿胡拉！

在天国初次相见时，我就完全了解［并深知］，你将区别对待不同的言论和行动：给善良的［言行］以奖赏，给邪恶的［言行］以惩罚。

世界末日之际，你将以自己的慧眼［识别善者和恶人］。

---

① 指琐罗亚斯德。

六

呵，马兹达！

世界末日到来之时，你将与斯潘德·迈纽、沙赫里瓦尔和巴赫曼——他的作为在世界导致真诚的增长——一起出现。

塞潘达尔马兹将向人们宣告终审日的来临。斯潘德·迈纽的审判，容不得任何人的欺骗。

七

呵，马兹达·阿胡拉！

当巴赫曼来到我身边时，他问道：

“你是谁？与何人休戚相关？世界末日之际以何种标志展现自己和自己的生活？”

我完全了解你。

八

我当时回答他：

“我是琐罗亚斯德。我将成为伪信者的仇敌，正教徒强有力的庇护者，以求复活日到来之际，能享有令人向往的永恒天国的恩惠。”

呵，马兹达！

只要吟咏颂神的赞歌，我[就是虚伪的敌人和真诚的朋友。]

九

呵，马兹达·阿胡拉！

当巴赫曼来到我身边时，他问道：

“世界末日之际你将怎样显示自己？”

我完全了解你，[并回答他：]

“我将把颂歌作为礼物[奉献]给你的阿扎尔，以便我时刻不忘真诚，[并]展示自己正教徒的身份。”

十

[琐罗亚斯德呀！]

要关注我的正教，我和塞潘达尔马兹经常召唤它到我们身边来。

现在，你想问什么就问吧。你的提问，是强[者]的提问；[你所问的人]，能够[回答和]满足你——强有力的[提问者]。

十一

呵，马兹达·阿胡拉！

当巴赫曼来到我身边时，我初[次]聆听到你的教诲，对你有了完全了解。我以爱慕[和激情]向世民百姓传播你的宗教——你亲授给我的、最完美的宗教，难道还要我蒙受痛苦和折磨不成？

十二

你曾经训示：

“要努力掌握正教，崇信真诚！”

在充实天国之前，在索鲁什与富有的阿希一起出现，分别给行善者和作恶者以奖赏和惩罚[之前]，我已绝对地顺从于真诚。

十三

呵，马兹达·阿胡拉！

当巴赫曼为了解我的恳求，[从你那里]来到我身边时，我完全认识了你。

[呵，马兹达！]

请将那永恒的生活、那令人梦寐以求的早在[天]国你已应允的福祉恩赐予我，虽然任何人也不能强迫你这样做。

十四

假如[在]这尘世不乏你对我的神佑和庇护，通过奥尔迪贝赫什特的帮助，使我享有天界的统治和力量，那么，我将挺身而出，与所有听从你神圣意旨的、我的追随者一起，迎战仇视你宗教的亡命之徒，为击败他们而努力奋斗。

十五

呵，马兹达！

当巴赫曼和图什纳迈蒂[①]来到我身边时，教导我说：

“千万不可这样做：使伪信者洋洋得意，而令正教徒垂头丧

① Tushnāmaitī，安谧之神。

气。”

我完全了解你。

十六

呵，马兹达·阿胡拉！

琐罗亚斯德为自己选择了你纯洁的智慧。

让[摈弃谎言的人们]在塞潘达尔马兹太阳般光辉的国度，找到杰出而纯洁的真诚灵魂——展现出优美的形体，并享有生活和力量。

但愿[潘塞达尔马兹]对发自善心的懿行给予嘉奖。

《亚斯纳》第四十四章

一

呵，阿胡拉！

关于祈祷——那种[适合]向如你一般的神明所作的祈祷，我要问你，请给予回答！

呵，马兹达！

如你一般的神明应该向如我一般的朋友传授[这种祈祷]，并通过尊贵的奥尔迪贝赫什特给我们以佑助，以使善良降临到我们身边。

二

呵，阿胡拉！

我要问你，请如实地给予回答：世民百姓怎样才能享有善行的奖赏，他们果真能够如愿以偿吗？

呵，马兹达！呵，真诚！

那纯洁之人[①]，那位朋友和生活的拯救者正期待着终审日的来临，[并给世民百姓带来得救的福音。]

三

呵，阿胡拉！

我要问你，请给予回答：创世之初，原始的真诚之父是谁？是谁让太阳和星辰循环往复？是谁的[力量]令月亮缺而复圆？

呵，马兹达！

但愿我能知道这[一切]和其他[许多事情]。

四

呵，阿胡拉！

我要问你，请给予回答：是谁撑天架地，而不使其坠落？是谁创造了植物和江河？是谁造成乌云翻滚、狂风大作？

呵，马兹达，难道你不是善的主宰？

① 指琐罗亚斯德。

五

呵，阿胡拉！

我要问你，请给予回答：是谁创造了美好的光明和黑暗？是谁造成有益的睡眠和觉醒？是谁安排了清晨、中午和夜晚，以提醒众选民及时履行自己的诺言？

六

呵，阿胡拉！

我要问你，请给予回答：果真将由我[向世民百姓]传达喜讯吗？奥尔迪贝赫什特和塞潘达尔马兹是否将采取行动，佑助[虔诚的教徒]？来自你处的巴赫曼是否将[使我们]享有你的[天]国？

[呵，马兹达！]

你为谁创造了膘肥体壮、令人喜爱的牲畜？

七

呵，阿胡拉！

我要问你，请给予回答：是谁创造了尊贵的沙赫里瓦尔和塞潘达尔马兹？是谁明智地让父亲爱护儿子？

呵，马兹达！

我坚信，你和纯洁的斯潘德·迈纽是这一切的缔造者。

八

呵，阿胡拉！

我要问你，请给予回答：我的灵魂怎样才能获得令人欣喜的恩赐？［我］将铭记你的教导，并将准确地理解奥尔迪贝赫什特和巴赫曼传授给我的生活准则。

九

呵，阿胡拉！

我要问你，请给予回答：我正引导善思的人们摆脱罪恶的深渊，皈依正教，走向真诚，那我是否能够代表［天］国诸神向众民传达天宫的福音？——那里居住着如你一般的神明，呵，马兹达！还有奥尔迪贝赫什特和巴赫曼。

十

呵，阿胡拉！

我要问你，请给予回答：［人们］果真将以正确的言行善待我的宗教，我的与真诚相结合的、给世人带来富足的宗教？抑或仅寄希望于你的恩赐？

十一

呵，阿胡拉！

我要问你，请给予回答：我把你的宗教传授给他们的那些人将是虔诚［而顺从的］，果真如此吗？

被挑选为使者的第一个人是我。我将仇视所有［正教的敌人］。

十二

呵，阿胡拉！

我要问你，请给予回答：在我与之交谈的人们当中，谁是真诚的信徒，谁是谎言的追随者？［他们之中］哪个是敌人？为赢得你的恩赐而与我作对的那个伪信者是谁？难道不应该把他视为仇敌吗？

十三

呵，阿胡拉！

我要问你，请给予回答：我们怎样才能摆脱虚伪［魔鬼］的纠缠，并将其驱赶到［心怀叵测的人们］那一边？——他们因桀骜不驯，不想与真诚发生关系，也不愿听从善的教诲。

十四

呵，阿胡拉！

我要问你，请给予回答：我怎样才能把虚伪置于真诚强有力的巨掌，以便按照你的宗教法规予以严惩，并给伪信者以沉重打击，使他们相互争斗，遭受痛苦？

十五

呵，阿胡拉！

我要问你，请给予回答：当势不两立的两支军队[①]相遇时，你能够借助奥尔迪贝赫什特庇护我吗？

呵，马兹达！

根据你许下的诺言，将恩赐哪支军队以胜利？

十六

呵，阿胡拉！

我要问你，请给予回答：那支持和庇护你的宗教信徒的战无不胜者，他是谁？

呵，马兹达！

请明确地告诉我，那将担当拯救生活重任的首领，那听从你意旨的善者，那为你看中的使者，他是谁？

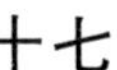

十七

呵，阿胡拉！

我要问你，请给予回答：我与你相沟通的心愿怎样才能实现？我的说教怎样才能发挥效益？按照你的宗教，那享有真诚之人是否将与完美和永恒融为一体？

十八

呵，阿胡拉！

我要问你，请给予回答：那许诺给我的报偿——十四牝马、十

① 喻指马兹达信徒和迪弗教徒。

匹牡马和一峰骆驼[1]，将怎样如同你通过奥尔迪贝赫什特恩赐完美和永恒一般地施予我呢？

十九

呵，阿胡拉！

我要问你，请给予回答：那曾许诺施舍而又不兑现之人，他[在现世]将遭到什么报应？

我知道这种人在另一个世界将受到的惩罚。

二十

众妖魔和诸善神是否一直存在着？他们亲眼目睹卡拉潘、乌西杰[2]和卡维在任意宰割牲畜。

他们并非出于正教信仰和扩大耕地而饲养牲畜。

《亚斯纳》第四十五章

一

现在我要说，从远近汇集而来、有意了解正教教义的人们呵！请注意听着，并记住我的话！我讲的话一清二楚：

千万别让崇拜谎言的邪恶教唆者以其如簧之舌蒙骗[百姓]皈

---

① 有关这种报偿的规定尚不得而知；从字面看，似应为给琐罗亚斯德工作的报酬。

② Usij，迪弗教的首领之一。

依邪教，再来破坏生活。

二

现在我来讲述鸿蒙初辟时的两大本原[①]：

纯洁本原对污秽本原说，无论我们的品德、说教、思想和信仰，还是我们的言论、行动、宗教和灵魂，全部截然不同，实难难容。

三

我来讲述智慧的马兹达·阿胡拉在原始之初对我说的事情：

你们当中，凡不肯皈依我所思所言的宗教者，在生活终了时必将追悔莫及！

四

我来讲述世上的美好事物。

呵，马兹达！

[我]信奉正教。

那世界的缔造者，乃善良农夫的至亲，也是善良大地女儿[②]的慈父。

休想蒙骗洞察一切的阿胡拉！

五

我来讲述至纯的马兹达·阿胡拉告诉我的事情，聆听他的教

---

① 指斯潘德·迈纽和阿赫里曼。

② 喻指塞潘达尔马兹。

诲对百姓是有益的：

为[取悦于]我[1]而服从他[2]的人们，将因善良的品德[和]行为，达到完美和永恒的佳境。

六

我来讲述至关重要的事情。

呵，奥尔迪贝赫什特！

我赞美他——善待一切被造物的主宰。

马兹达·阿胡拉以他纯洁的圣灵，倾听[和接受]我从善良神祇那里学到的祈祷。

但愿他以自己的智慧，使我领悟一切美好的事物。

七

所有活着的、死去的和将来的人，都会知道由他[3]掌管的奖赏和惩罚：真诚追随者的灵魂将永远幸福[和快乐]，伪信者的[灵魂]将[永远]遭受痛苦和折磨。

此乃天国的马兹达·阿胡拉使然。

八

以祈祷和赞美去获得[奖赏]吧！

呵，此时此刻，但愿我能亲眼目睹通向天国的道路，那善思、善

---

① 指马兹达。
② 指琐罗亚斯德。
③ 指马兹达。

言和善行之路。

自从通过奥尔迪贝赫什特认识了马兹达·阿胡拉，我便顶礼膜拜，把自己的祈祷奉献给他！

九

以善良的美德去取悦[马兹达]吧！[马兹达]按照自己的意愿恩赐我们以幸福或令我们遭殃[1]。但愿马兹达·阿胡拉通过我们对善良神祇的充分了解，借助正教和他的威力，恩赐我们以农作，以使牲畜和我们亲属的日子过得更快活。

十

以虔诚的祷祝去颂扬[马兹达]吧！之所以尊称他为马兹达·阿胡拉，是因为他通过奥尔迪贝赫什特和巴赫曼向我们传达福音，即我们将在他的天国享有完美和永恒，在他的天宫获得持久的力量。

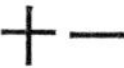

十一

呵，马兹达·阿胡拉！

从此后，凡对众妖魔和居心不良者的鄙夷嗤之以鼻者，纯洁的宗教和那位首领[2]的解救者将成为他的朋友、兄弟和父亲。

---

① 指终审日的奖赏和惩罚。

② 指琐罗亚斯德。

《亚斯纳》第四十六章

一

我该到什么地方去？哪个国度是我的落脚之地？军人武士和众首领对我尽量回避，农夫们也不能令人满意。

信奉谎言的国家统治者[专门与我作对。]

呵，马兹达·阿胡拉！

请问我怎样才能取悦于你？[①]

二

呵，马兹达！

我[自己]明白我为什么那样软弱无力：我的财产[和资金]微不足道，我的亲朋好友寥寥无几！

呵，阿胡拉！

我向你抱怨诉苦。请多关照[我的处境]，[赐我]以佑助，就像朋友那样给予支持和[帮助]。

请让我领悟正教和善良的本原！

① 琐罗亚斯德在这一章诉说众妖魔和伪信者的罪恶行径和敌对活动，抱怨人们在改宗正教过程中表现出的动摇犹豫，并向马兹达祈求佑助。

三

呵,马兹达!

[复活]日的清晨何时到来?世界何时接受正教——那拯救者充满智慧、内涵丰富的教诲?

巴赫曼将予以庇佑的人们都是谁?

呵,阿胡拉!

为了自己的觉悟,我选择了你。

四

谎言崇拜者①,那臭名昭著的歹徒,竭力阻挠正教的首领在村社或国家饲养牲畜。

呵,马兹达!

[但愿]有人能使[谎言崇拜者]丧失统治权。他乃是[生活]的先锋,为善良的宗教开辟[和扫清]道路。

五

倘若信奉正教的智者能将某伪信者引上正途,那就应该通知自由民和显贵们为那皈依正教之人提供保护,以使他免遭旧教友的伤害。

---

① 指伪信者的一个首领。

六

假如被请求提供保护的自由民对此漠然置之，不肯相助，那他无疑将[再度]与虚伪的造物同流合污。因为他本人曾是伪信者或伪信者的同伙。

呵，阿胡拉！

从你创立宗教的第一天起，真诚崇拜者彼此就是朋友。

七

呵，马兹达！

当伪信者准备欺凌我时，除了你的阿扎尔和巴赫曼——正教因他们的善行而变得臻于完美，还有谁将是我的朋友和支持者呢？

呵，阿胡拉！

请让我对这个训示心领神会！

八

呵，马兹达！

切莫让存心加害于我的人得逞，以其恶行使我遭受苦难！

愿那害人者自食[恶果]，享受不到生活的快乐，陷入痛苦和折磨。

九

最先教导我们敬仰你——万能的[造物主]、纯洁而公正的仲裁者——的那个伟人，他是谁？

[世民百姓]诚望听到你的奥尔迪贝赫什特的话，以及古舒尔万对奥尔迪贝赫什特说了什么，又向巴赫曼问了什么。

十

呵，马兹达·阿胡拉！

但愿使你认为的世间美好事物得以实现的善男或信女，能得到[永恒]天国的恩赐，以作为对他（她）行善的报偿！

我与所有礼赞你的人们一起将顺利通过钦瓦特桥[①]。

十一

为破坏生活而迫使人们弃善从恶的卡拉潘和众卡维，其灵魂经过钦瓦特桥时，将因恐惧而坠落，因为他们始终与虚伪魔窟[②]有着千丝万缕的联系。

十二

当奥尔迪贝赫什特[借助]扩大生存空间的塞潘达尔马兹，给突朗的弗里扬[③]家族著名的子嗣和亲属以关照时，巴赫曼接受了他们，马兹达·阿胡拉在终审日将恩赐他们以安乐。

---

① Chinvad 或 chinvat，词义为“检验”或“甄别”。在琐罗亚斯德教术语中，是一座桥的名字。人死后的亡灵将经过此桥，或升入天国，或坠落地狱。犹太教和伊斯兰教称此桥为“塞拉特”。

② 指地狱。

③ Fryān，皈依琐罗亚斯德教的一个突朗家族。

十三

世民当中[为传播正教]作好准备，因而使斯皮塔曼·琐罗亚斯德感到欣慰的那个人是谁？这样的出类拔萃者必将名垂青史，流芳千古。愿马兹达·阿胡拉恩赐他以永恒的生活，巴赫曼使他延年益寿，我们视他为正教的挚友。

十四

琐罗亚斯德呀！

在[传播]祭司伟大宗教的过程中成为你的朋友和[助手]的那个虔诚信徒，他是谁？

那个诚望以此扬名天下的人是谁？

他就是古什塔斯布国王，在当政后期他大力扶持正教。

呵，马兹达·阿胡拉！

我以善良的品德和语言，歌颂那些你将召集他们到[永恒天国]欢聚的人。

十五

哈奇塔斯普[①]家族呀！斯皮塔曼[②]家族呀！

我告诉你们，要识别智者和愚妄之人！

---

① Hachtasp(帕拉维语为 Haēchatasp。——译者注)，琐罗亚斯德的第四代远祖。此处用复数形式，似指琐氏亲属。

② Spitamān(帕拉维语为 Spītāman。——译者注)，琐罗亚斯德的第九代远祖。此处用复数形式，似指琐氏亲属。

……[①]

由于这样做，你们才得以获得真诚，此乃阿胡拉教的第一要义。

十六

弗拉舒什塔尔·赫沃格瓦呀！

与这些尊贵的人[②]一起迈步走向[永恒的天国]吧！

我们两个[③]都希望他们[在那里]过得幸福、愉快——那里真诚和虔诚相融合，是符合善良愿望的永恒国度，那里是马兹达·阿胡拉居住的安谧之地。

十七

在那里，我将向马兹达·阿胡拉——他通过明智的劝导者奥尔迪贝赫什特，严格地区分智者和愚妄之人——认真地而不是草率地诉说你，呵，贾马斯布·赫沃格瓦[④]，述说你的恭顺和祈祷，以及你准备为正教而[献身]的美德。

十八

凡[笃信]我的[宗教]而始终不渝者，我将借善神之助，把自己

① 此处遗漏一个诗句。

② 指前一节提到的人。

③ 指马兹达和琐罗亚斯德。

④ Jāmāsb，弗拉舒什塔尔的兄长，琐罗亚斯德的女婿。他们兄弟俩均为国王古什塔斯布的大臣。Hvōgva 是他们家族的姓氏。

最宝贵的财富许诺给他。

凡专事与我们作对之人，就[应以]针锋相对[作为回报。]

呵，马兹达！呵，奥尔迪贝赫什特！

我以此[满足]你们的要求，并取悦于[你们]。

此乃智慧的指令和我的天性！

十九

凡出于正教信仰，做了符合我心愿之事的人，理应得到报偿。

凡获得另一个世界的奖赏之人，[愿他在这个世界享有]一对肥壮的牲畜和他希望得到的任何东西！

呵，马兹达！

呵，神通广大的神明！请你满足我的这个[愿望]！

第三篇 塞潘特马德·伽萨

《亚斯纳》第四十七章

一

[向]斯潘德·迈纽和正教奉献善思、善言和善行[之人],马兹达·阿胡拉将恩赐他以完美、永恒、力量和虔诚。

二

应该以善良的品德和言论以及[令人称道的]行为,去完成有利于斯潘德·迈纽的事情。人们以这种[善思、善言和善行],向真诚之父马兹达展示自己,[马兹达]是会认出他们的。

三

呵,马兹达!

你是斯潘德·迈纽纯洁的父亲——在与巴赫曼交谈之后,你为我们造出了令人欣喜的牲畜。

于是，塞潘达尔马兹为牲畜提供用地[①]，并赐其以安乐。

四

呵，马兹达！

伪信者拒不服从斯潘德·迈纽[的意旨]，他们不是真诚的信徒。

生活还算富裕、[快乐]的人应该关怀正教徒，敌视谎言崇拜者。

五

呵，马兹达·阿胡拉！

你通过斯潘德·迈纽，许诺正教徒以美好的赏赐。难道为非作歹的伪信者，尽管你不情愿，也将享有[那份赏赐]吗？

六

呵，马兹达·阿胡拉！

许多[想]皈依正教的人都希望听到，[在]经受阿扎尔的考验时，你将怎样借助斯潘德·迈纽和通过塞潘达尔马兹和奥尔迪贝赫什特，分别给正教徒和伪信者以奖赏和惩罚？

---

① 即放牧牲畜的草地。

《亚斯纳》第四十八章

一

呵，阿胡拉！

当世界末日[到来]，真诚战胜虚伪之时，众妖魔、[伪信者和为非作歹]之徒将遭受长期警告他们的那种惩罚；而你的赞美者将享有你的恩惠。

二

呵，阿胡拉！

请把你所知道的[事情]告诉我：

终审日到来，信奉谎言者在天国遭受惩罚之前，正教徒将[在尘世]打败伪信者，[这是可能的吗?]

显而易见，对这个[问题]的[回答]将给世界带来福音。

三

对智者而言，最好的教诲莫过于纯洁而善良的阿胡拉通过正教所作的宣示。

呵，马兹达！

[智者应该]借助善良的智慧，理解[你的]宗教的底蕴。

四

呵,马兹达!

时而信奉善思、善言和善行,时而顺从恶思、恶言和恶行;今朝皈依正教,明日改宗邪教,这种人在终审日将按照你的意旨,[与升天国和下地狱者]分开,[被置于哈马斯塔坎[①]。]

五

呵,塞潘达尔马兹!

[请让]贤明的国君以善行和正教执掌政权。

切勿让邪恶的暴君对我们实行专制。

呵,塞潘达尔马兹!

[请让]世民百姓拥有房屋,过上美满的生活,并为牲畜提供茂盛的牧场和草地。

六

是的,[塞潘达尔马兹]恩赐我们以优良的房屋、强健和力量,尊贵的巴赫曼为牲畜提供草地和牧场。

马兹达·阿胡拉在创世之初,借奥尔迪贝赫什特之助,[使]草木茁壮生长,[使牧场日益宽广。]

---

① Hamastakān,即阴阳界,位于天国和地狱之间,亦称净界和炼狱。

七

呵，祈求获得善神奖赏的人们呀！要借助正教——纯洁之人是它的朋友——克制暴怒，摈弃专横和压迫。

呵，阿胡拉！

具备善良美德的造物，将[永远]生活在你的天国。

八

呵，马兹达！

你美好天国的恩赐是什么？你的奖赏，亦即对我的奖赏是什么？

呵，阿胡拉！你通过奥尔迪贝赫什特实行的公开审判是什么？那虔诚教徒梦寐以求的，你借助巴赫曼所做的行为甄别又是什么？

九

呵，马兹达！呵，奥尔迪贝赫什特！

何时我将得知，强大无比的你们远胜于威胁要伤害我的人呢？

请再次明确地告诉我巴赫曼的判决！

救世者[①]理当知道，对他[传播宗教]的奖赏将是怎样的。

十

呵，马兹达！

① 此处琐罗亚斯德自称为救世者。

世民百姓何时将认可[我的]传教?

你何时将铲除这败坏道德的饮料[①]?——卡拉潘出于仇恨和邪恶的用心,以它欺骗各地的君主和首领。

十一

呵,马兹达!

正直而虔诚,并拥有广袤良田和美好家庭的国家将何时出现?

面对嗜血成性的伪信者,什么人将给[我们]以安宁?

对善良本原将有所认识者,都是哪些人?

十二

呵,马兹达!

为取悦你的宗教而遵从善良本原和真诚的国家拯救者,正是这些人[②]。他们不愧为暴虐的铲除者[和压迫的取缔者。]

《亚斯纳》第四十九章

一

长久以来,班德瓦[③]就是我最大的夙敌。我多么希望能以真诚使误入歧途者改邪归正。

---

① 指胡姆酒。

② 指前文提到的那些人。

③ Bandva,信奉迪弗教的国君,是琐罗亚斯德及其宗教的宿敌之一。

呵，马兹达！

带着你的奖赏到我这里来，赐我以庇佑吧！

呵，巴赫曼！

让[班德瓦]死无葬身之地！

二

长久以来，班德瓦就是我前进路上的绊脚石。这虚伪的教唆者，违背真诚，无心靠近塞潘达尔马兹，压根儿不想向巴赫曼讨教。

三

呵，马兹达！

我们的宗教推崇真诚，为的是使人受益；而邪教则为虚伪张目，使人受害。

但愿[所有的误入歧途者]弃恶从善。

我将阻止[人们]与伪信者同流合污。

四

那邪恶奸诈之徒本不是牧民，却生活于牧民之中，以其如簧之舌，搬弄是非，为非作歹，无以复加。终审日之际，等待他们的将是魔窟——伪信者的归宿。

五

呵，马兹达！

但愿[生活中]的成功和欢乐，归属于将自己的灵魂与巴赫曼相融合并通过奥尔迪贝赫什特认知塞潘达尔马兹之人。

呵，阿胡拉！

我将［与这样的人一起］升入你的［天］国。

六

呵，马兹达！呵，奥尔迪贝赫什特！

我要恳请你们讲出［体现］你们思想和智慧的话语，以便我准确无误地知道，应该怎样［传播］你们的宗教。

七

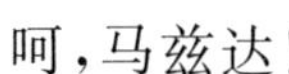

呵，马兹达！

让巴赫曼和奥尔迪贝赫什特听好以下的［问话］！也请你本人，呵，阿胡拉！注意倾听：是哪位公正的首领和哪支［笃信宗教的］军队，以［其宗教信条］使农夫获得［遵从正教的］好名声？

八

呵，马兹达·阿胡拉！呵，永恒不朽之神！

我恳求你将令人喜悦的、与奥尔迪贝赫什特的融合，恩赐给弗拉舒什塔尔，而将自己的美好天国恩赐予我。

呵，阿胡拉！

我和［弗拉舒什塔尔］祈求成为你的使者。

九

［正教的挚友］和捍卫者贾马斯布，为造福人类而被创造出来，

自然要听从神的旨意！正教徒绝不可与伪信者同流合污。终审日之际，与真诚相融合的灵魂将享有最高的奖赏。

十

呵，马兹达！呵，伟大的强者！

让我在你的天宫保持善良的美德，追随真诚的圣灵，时刻不忘祈祷、虔敬和勤奋，以便你用[自己]永恒的力量对之加以保护。

十一

凡拜倒在邪恶暴君脚下之人，无不是品质恶劣、语言肮脏、为非作歹之徒！

[世界末日之际]，[其他罪人的]亡灵将以污秽不堪的食物接待伪信者。他们必然要跌落地狱——谎言的魔窟。

十二

呵，奥尔迪贝赫什特！

什么人是你的助手？

呵，巴赫曼！

你对于我，向你求助的琐罗亚斯德的[支持]和佑助是什么？

呵，马兹达·阿胡拉！

我以[自己的]祷告赞美你，并向你祈求：让我获得你的[最佳]赐福。

《亚斯纳》第五十章

一

[生命结束之后，]我的灵魂还能享有谁的庇佑呢？

呵，奥尔迪贝赫什特！呵，巴赫曼！

那时，我将祈求你们的神助。除了你们和已被确信的马兹达·阿胡拉，还有谁是我的[朋友和]庇护者呢？

二

呵，马兹达！

那祈求令人喜悦的牲畜并希望拥有良畜和[肥沃]耕地之人，那信奉正教、安分守己、向太阳顶礼膜拜之人，如今[情况]怎么样呢？

终审日之际，愿你在智者相聚的天国赐他们以住地。

三

呵，马兹达！

愿你借奥尔迪贝赫什特之助、通过沙赫里瓦尔和巴赫曼许诺的恩惠能归属于他①！此人以阿希的力量，在伪信者的邻国[传播正教]，使其面貌[焕然一新。]

---

① 似指古什塔斯布国王。

四

呵，马兹达·阿胡拉！呵，奥尔迪贝赫什特！呵，巴赫曼！呵，沙赫里瓦尔！

此时此刻我向你们顶礼膜拜，馨香祷祝，但愿高贵者梦寐以求的、象征着[善行]的[美女][1]，出现在恭顺的[正教]徒走向伽尔扎曼[2]的路上。

五

呵，马兹达·阿胡拉！呵，奥尔迪贝赫什特！

让我享有你们的[恩典]吧！因为你们对自己的使者关怀备至。请以深厚的友情，挥一下手，赐我们以天国之福。

六

呵，马兹达！

使者琐罗亚斯德，[你的]赞美者和真诚的朋友，大声疾呼：

请睿智的造物主通过巴赫曼[将]其宗教传授[于我，]以使我[出言不离真诚。]

七

呵，马兹达！呵，奥尔迪贝赫什特！呵，巴赫曼！

① 人死后，纯洁而善良者的行为将化形美女，引导他们走向永恒的天国；伪信者的行为则变为丑陋不堪的妖婆，将他们拖进地狱。

② Garzamān，上界，永恒的天国，马兹达·阿胡拉光辉无际的处所。

现在让我以对你们的祈祷[和颂扬],策动强健、快捷的骏马,以便你们乘马前来,给我以佑助!

八

呵,马兹达!呵,奥尔迪贝赫什特!

让我高擎双手,以[我]创作的著名颂歌,以虔诚教徒的祈祷,以为人称道的善举,向你们顶礼膜拜,馨香祷祝。

九

呵,马兹达!呵,奥尔迪贝赫什特!

一旦获得自己梦寐以求的奖赏,我将以善良的行为和品德,致祭行礼,去会见你们。

那以后,我要作出努力,以使[正教徒]的善思[也享有]美好的报偿。

十

呵,马兹达·阿胡拉!呵,奥尔迪贝赫什特!呵,巴赫曼!

我已经和将要做的一切善行,[世上]一切在[我]看来有价值的[美好]事物,犹如[灿烂的]阳光和黎明的朝霞,全是为了赞美你们的。

十一

呵,马兹达!呵,奥尔迪贝赫什特!

但愿我能成为你们的赞美者,只要一息尚存,就礼赞不止。

愿世界的主宰出于善的本性，使［世民百姓］认真做好符合他意愿的一切事情。

第四篇　沃胡赫什塔尔·伽萨

《亚斯纳》第五十一章

一

呵，马兹达！

[你]无与伦比的善的天国（真诚的最大福分）将属于尽力行善之人。

此刻我坚信我能满足[人们]的这种愿望。

二

呵，马兹达·阿胡拉！呵，奥尔迪贝赫什特！呵，塞潘达尔马兹！

请通过巴赫曼，向我和所有[你们的]赞美者，展示你们的[天]国——那无价的瑰宝。

三

呵，阿胡拉！呵，奥尔迪贝赫什特！

你们应该倾听其言行符合你们教导的人们的呼声。

呵，马兹达！

你和巴赫曼是他们的启蒙导师。

四

呵，马兹达！

受苦受难者将在哪里得到报偿，获得宽恕？[人们]将在哪里与你的奥尔迪贝赫什特、塞潘达尔马兹、巴赫曼和沙赫里瓦尔和睦相处。

五

假如智慧而行善的农夫礼赞那位天神——该天神委托公正而智慧的仲裁人[①]在[善思者与作恶者]之间行使裁判权，那他无疑将享有[终审日的奖赏和马兹达的恩惠。]

六

世界末日到来之际，马兹达·阿胡拉将恩赐实现他愿望之人以最高奖赏；对令他不悦之人，将给予最严厉的惩罚。

七

呵，动物、江河和草木的创造者！请借斯潘德·迈纽之助，赐我以永恒和完美。

① 指琐罗亚斯德，他在终审日将指明善思者应得的奖赏和作恶者应得的惩罚。

呵，马兹达！

请通过巴赫曼在[终]审日[赐我以]力量和不朽。

八

呵，马兹达！

现在我要谈两件理应告诉[每位]智者的事：

一是欢乐必将属于正教徒；二是不幸[将归]伪信者所有。

是的，使者是愉快的，因为他[能够]向[每位]智者阐明宗教信条。

九

呵，马兹达！

你将以闪光的阿扎尔和熔铁，分别给[马兹达教徒和迪弗教徒]以不同的回报。灵魂无不打上印记：奖赏属于正教徒，伪信者将遭受惩处！

十

呵，马兹达！

除了阿赫里曼的造物，敌视百姓的[卡维]之外，谁会企图破坏我[的工作]呢？让我呼唤奥尔迪贝赫什特自天而降，随之而来的必是美好的奖赏。

十一

呵，马兹达！

斯皮塔曼·琐罗亚斯德的那位挚友是谁？

那接受正教的训谕者是谁？

那出于善心而为正教着想的行善者是谁？

塞潘达尔马兹又是谁？

十二

向卡维卑躬屈节的仆从[①]，令琐罗亚斯德·斯皮塔曼——在“冬天的隘口”[②]，他的马匹因严寒而战栗，[被迫下马步行]——感到不悦，[也不向他提供保护。]

十三

就这样，伪信者[③]以其所作所为毁掉自己的前程，丧失了步入正途的良机。

当在钦瓦特桥头行为显形时，他的灵魂感到恐慌，因为他曾背离正途，做了损[人]的事情。

十四

以其言行虐待牲畜的卡拉潘，违背了农业的原则和公正。

呵，马兹达！

愿你现在就宣布本应在世界末日[对]伪信者所做的判决。

---

① 指卡维的傀儡或帮凶。“卑躬屈节的仆从”在《阿维斯塔》中意为“鸡奸者”(应该指出，按照琐罗亚斯德教规定，对鸡奸者的处罚是格杀勿论)。

② 琐罗亚斯德曾经过的一个地方。

③ 指前节提到的卡维的仆从。

十五

琐罗亚斯德向穆冈[1][和正教徒]许诺的报酬[和奖赏]，是[来日升入]伽尔扎曼——马兹达·阿胡拉最早[在那里]出现，[并大放光芒。]

这就是我凭借真诚和善良的美德，向你们许诺的那种灵魂得救。

十六

凯·古什塔斯布以[自己的]统治，皈依穆冈的宗教，选择了从善的道路和纯洁而真诚的马兹达·阿胡拉的教诲。

这样，就使我们如愿以偿。

十七

弗拉舒什塔尔·赫沃格瓦向我介绍了一位尊贵的女性[2]。

愿万能的马兹达·阿胡拉恩赐她以她为正教所祈求的一切，以使她享有真诚的财富。

十八

贾马斯布·赫沃格瓦为自己选择了[正]教，并视之为[来自神的]灵光的一种财宝。是的，他在寻求巴赫曼的天国。

---

① 琐罗亚斯德教的首领们被称为穆冈，而在波斯文学中则指琐罗亚斯德教教徒。

② 指弗拉舒什塔尔的女儿赫沃薇(Hvōvī)，琐罗亚斯德娶她为妻。

呵，阿胡拉！

请赐我以这种恩惠：让他们[1]得到你的庇佑。

十九

梅迪尤马赫·斯皮塔曼[2]自从内心认识到在世上努力奋斗的人[3]以后，便一心将马兹达教中劝人行善的教诲[传授给世民百姓，使他们]明白[其中的道理。]

二十

呵，与奥尔迪贝赫什特、巴赫曼和塞潘达尔马兹形影不离的众神明[4]！

请赐我们以这种恩惠：在祈祷时赞美你们；马兹达像他许诺的那样庇佑我们。

二十一

由于虔诚而变得纯洁之人，他的思想、言论、行动和信仰，使真诚得以发展，[使正教得以传播。]愿马兹达·阿胡拉通过巴赫曼恩赐他以[自己的天]国。

我渴望得到这种奖赏。

---

① 指贾马斯布和正教的其他赞助者。

② Medyōmāh，斯皮塔曼家族（琐罗亚斯德家族）成员之一。据传统说法，他是琐罗亚斯德的表兄弟，也是琐罗亚斯德教最初的皈依者之一。

③ 指琐罗亚斯德。

④ 指诸大天神（阿姆沙斯潘丹）。

二十二

马兹达·阿胡拉洞察其祷祝出于真诚且为人称道者。

我们指名道姓地赞颂那些死去的和活着的人们，并以礼赞向他们靠近。

第五篇　瓦希什图伊什特·伽萨

《亚斯纳》第五十三章

一

已被认识的最宝贵的财富，属于琐罗亚斯德·斯皮塔曼，马兹达·阿胡拉凭借真诚将恩赐他以生活的幸福和永恒的欢乐。

[马兹达还将把这种奖赏赐予]学习他的善良宗教的教规并身体力行的人们。

二

[正教的赞助者，如]凯·古什塔斯布、琐罗亚斯德·斯皮塔曼之子和弗拉舒什塔尔等人，以其[善]思、[善]言和[善]行取悦于马兹达，心悦诚服地向天神馨香祷祝，并为阿胡拉派遣的救世者的宗教开辟正途，他们[配得上享有]天国的奖赏。

三

出身哈奇塔斯普和斯皮塔曼家族的普鲁奇斯塔[1]呀！琐罗亚斯德最年轻的女儿呀！

我选择了这位品德高尚、奉行真诚的[人][2]做你的配偶。你以自己的智慧，做到了谨言慎行、听从规劝、虔诚敬神和心地善良。

四

是呵，我热情地引导普鲁奇斯塔皈依正教，以使父亲、丈夫、农夫和自由民全都为那虔诚教徒中的佼佼者感到高兴。

马兹达·阿胡拉为其[令人称道的、]善良的宗教，将恩赐她以无限美好而光辉的奖赏！

五

[贾马斯布呀！普鲁奇斯塔呀！]我要奉劝你们，并向你们和所有已出嫁的姑娘说几句话。要刻骨铭心地牢记，为达到行善者[体面而永恒的]生活，必须这样努力去做：

在正教的活动中，你们应该争强好胜，因为灵魂得救，欢乐和天国的奖赏就孕育在其中。

---

① Pouruchista（帕拉维语为 Pōruchist。——译者注），琐罗亚斯德最小的女儿，此节谈到她的婚事。

② 指贾马斯布，琐罗亚斯德挑选他为自己的女婿。

六

善男信女们呀![1]

[须知:]你们[今日]所见伪信者的欣喜[和欢乐],[终审日到来之际]将被收回,他们的安逸[和舒适]将化为泡影,等待伪信者和从恶者的只有唉声叹气和地狱的苦果!

你们[如果也像伪信者那样行动],势必[亲手]毁掉自己[未来的]天国生活。

七

只要你们满腔热情地为扶持和传播正教而努力奋斗,正教给予的报答[和奖赏]必将属于你们;[终审日之际,]伪信者的灵魂[因罪恶的包袱沉重,]将拱背弯腰地[经过你们]身边,走向穷途末路。

假如你们今日放弃正教,[与谎言崇拜者同流合污,]明天你们将追悔莫及,发出可悲的叹息。

八

但愿马兹达[鼓励]贤明的统治者,[以他们的力量,]给[现世的]为非作歹者以痛击,[使其蒙受]苦难;这些上当受骗者,[在另一个世界因其秽行将遭到惩处,]发出悲惨的叫声[和哀鸣]。

[但愿阿胡拉借此等贤明的统治者之力],恩赐农夫以安宁和

① 此节似出自贾马斯布之口。

欢乐。

呵，至高无上的[马兹达]！尽快地给[伪信者]套上死亡和痛苦的枷锁吧！

九

那些妄图蔑视高贵者和众选民，竭力贬低正教的邪教徒，理应[在另一个世界]受到制裁和严惩。

那公正的仲裁[和统治者]——他[在尘世]掌握着[伪信者的]生活和自由，[能使他们俯首听命]——在哪里？

呵，马兹达！

正是你，有能力[建立这样的公正统治]，并赐福予行善积德的贫苦百姓。

第 二 卷

亚 斯 纳

在《伽萨》卷的引言中，我们曾提及《亚斯纳》，这里再略加补充，以使读者对《阿维斯塔》这一卷有个概括的了解。

《亚斯纳》是圣书《阿维斯塔》最古老的部分之一，共七十二章。“章”在《阿维斯塔》称作“海蒂”(Hāitī)，帕拉维语和波斯语分别称为“哈特”(Hāt)和“哈”(Hā)。

如前所述，《伽萨》的十七章原为《亚斯纳》七十二章的组成部分，因其诗歌语言古朴，吟咏者为琐罗亚斯德，故被算作单独的一卷。

有关十七章《伽萨》颂诗及其所含的章节，前文已有介绍，并翻译成现代波斯文，这里不必赘言。

现存《亚斯纳》的五十五章中，有七章(第三十五—四十一章)被称为《哈普坦·海蒂》(Haptang-Hāitī)，似可单独成篇，因其语言酷似《伽萨》；但散文部分除外。据推测，其形成年代可能与《伽萨》相近。

有的学者主张把第四十二章与第七章合并，但两者在语言和内容上有所差异，前者当为晚出。

上述八章(第三十五—四十二章)在第三十四章(《阿胡纳瓦德·伽萨》末章)和第四十三章(《奥什塔瓦德·伽萨》首章)之间。

在第四篇和第五篇《伽萨》之间的第五十二章，被称为《胡什巴姆》，是每日清晨吟唱的颂歌。

《亚斯纳》各章的内容包括对阿胡拉·马兹达、阿姆沙斯潘丹[①]、埃泽丹[②]和阿胡拉创造的其他善物的赞美和歌颂。

现从《亚斯纳》的五十五章中选出第九、十和十二章，译为现代波斯文。这三章内容比较生动有趣，对渴望阅读《阿维斯塔》选本的读者说来，比《亚斯纳》其他章节显得更加引人入胜。

第九、十两章谈到圣草豪麻（Haoma）[③]，古人用它的汁液作成饮料，在宗教节日或致祭行礼时饮用。

前文提到，琐罗亚斯德本人在《伽萨》颂诗中曾谴责饮用豪麻（胡姆）酒；可是在他之后由于教徒中产生一种恢复古老传统习俗的倾向，导致许多习俗渗透到他的宗教轨仪中来。于是，胡姆非但不再受贬斥，反而成为人们礼赞的对象，甚至不少重要的神祇也向他祈求佑助。

阅读这两章，明显地使人感到词句优雅，诗意盎然，富于想象，字里行间洋溢着作者的激情。对于相隔若干世纪之后，而今捧读古老诗篇的读者说来，能领略一番语言畅达、意境优美的佳作，当是十分惬意的事。

第十二章记述一个马兹达教信徒，表白自己对神的恭顺、追求和虔诚。他发誓为了求善以达到纯洁和至诚，将坚持不懈地奋斗终生。

---

① Amshāspandān，词义为“诸大天神”，亦即神主阿胡拉·马兹达的六大从神的统称，它们依次为巴赫曼、奥尔迪贝赫什特、沙赫里瓦尔、塞潘达尔马兹、霍尔达德和阿莫尔达德。——译者注

② Eyzedān，是埃泽德（Eyzed）的复数形式，词义为“众神祇”。——译者注

③ 帕拉维语称之为霍姆（Hōm），波斯语称作胡姆（Houm）。——译者注

诗中充满了对纯洁、真诚、善良、生活和自由的赞美，对污秽、虚伪、邪恶、暴虐和仇恨的谴责。这位马兹达崇拜者信誓旦旦地表示，要遵从善思、善言和善行，坚决与众妖魔、歹徒和说谎者断绝联系。他虔诚地表白说，将尊重他人的自由、生命和财产，除了与人为善之举，绝不做损人利己的事。

这位马兹达崇拜者笃信宗教，珍惜江河、植物、土地、天空、人类和牲畜，从不认为善的造物是无用的和卑贱的。

在这章的末尾我们看到，这位三千年前的马兹达教信徒坚信这样的教义：应该放下武器，在马兹达的造物之间高唱和睦、动人的乐曲。

阅读这一章，对于我们了解可敬的祖先的思想面貌，以及他们对在生活中应该遵循的宗教原则，还是大有裨益的。

最后，简略地谈一下“亚斯纳”这个词。《阿维斯塔》中的“亚斯纳”(Yasna)，梵语称之为“亚杰纳”(Yajna)，帕拉维语称之为“亚扎申”(Yazashn)，词义为“颂扬”和“崇拜”。该词的词根在阿维斯塔语中为“亚兹”(Yaz)，梵语为“亚杰”(Yaj)，古波斯语为“亚德”(Yad)，帕拉维语为“亚什坦”(Yashtan)或“亚齐坦”(Yazītan)。这个词根在波斯语中演变为“亚兹德”(Yazd)或“埃泽德”(Eyzed)，或“亚兹丹”(Yazdān)[①](原为“亚兹德”或“埃泽德”的复数形式，后作单数使用)。

波斯语“佳申”(Jashn)一词亦源自阿维斯塔语“亚斯纳”，因为古代伊朗的重大节日全是宗教性的，含有宗教的赞颂和崇拜之意。

① 波斯语这三个词意义相同，均为“神祇”。——译者注

这个词后来演变为“喜庆”、“节日”和“宴请”，明显带有古代的遗风。

在伊朗人的姓名和地名中，也有不少词源自“亚斯纳”，或与这个词有关，如“亚兹德·盖尔德”[①]、“亚兹德·哈斯特”或“埃泽德·哈斯特”[②]、“亚兹德·阿巴德”[③]等。

① 萨珊王朝时期的人名，有三位国王都叫这个名字，尤以萨珊末君最为著名。

② 伊斯法罕通往设拉子路上的一个村镇。

③ 伊斯法罕的一个地名。

第　九　章

一

清晨，琐罗亚斯德揩净[和摆好]火盆，开始吟咏颂歌。这时，胡姆[1]来到他跟前。琐罗亚斯德问道：

你是谁？呵，神采奕奕、容光焕发的来者——我在整个尘世[所见到的]最俊美的男子。

二

祛除死亡的[2]胡姆答道：

呵，琐罗亚斯德！

我是纯洁的、祛除死亡的胡姆。快抓住我，准备制作饮料！

呵，斯皮塔曼！

赞美我吧！来日苏什扬特[3]也将把我称道。

---

① 此处胡姆显形为美男子，出现在琐罗亚斯德的面前。

② “祛除死亡的”或“延年益寿的”，是胡姆的固定修饰语。

③ 世界末日之际正教徒的引路人和拯救者。

三

琐罗亚斯德开口言道：

呵，胡姆！［你］好！

最初在尘世用你做成饮料的那人是谁？他得到怎样的幸福和酬报？

四

纯洁的、祛除死亡的胡姆答道：

世上的维万格罕首次用我做成饮料。作为［对其行为的］酬报，我使他得福，生了个男孩，名叫贾姆希德——他拥有［成群的］良畜，成为世民百姓中最显赫的人物。他有太阳一般的明眸。当政时期，他使动物和人类长生不老，使江河奔流不息，草木永不枯槁，使食物丰盛，取之不尽，用之不竭。

五

在英勇的贾姆[①]统治［期间］，既没有严寒和酷暑，也没有衰老和死亡，更没有魔鬼制造的忌妒。父亲和子女一样，看上去年龄不过十五。

六

［琐罗亚斯德又问道：］

① Jam，贾姆希德的略称。——译者注

呵，胡姆！

世间何人第二次用你做成饮料？他得到怎样的幸福和酬报？

七

纯洁的、祛除死亡的胡姆答道：

世上的阿特宾[1]第二次用我做成饮料。作为[对其行为的]酬报，我使他得福，生了个男孩，[名叫]法里东——他出身名门贵族。

八

正是他[击败和]杀死了三张嘴巴、三个脑袋和六只眼睛的阿日达哈克[2]——那有上千[种]形体变化、异常强大而虚伪的妖魔，使世界蒙受灾难，是阿赫里曼为损害尘世和扼杀真诚而特意制造出来的最凶残狡诈的[恶魔]。

九

[琐罗亚斯德再次问道：]

呵，胡姆！

世间何人第三次用你做成饮料？他得到怎样的幸福和酬报？

---

① Ātbīn，法里东之父。

② Azhidahāk，亦即波斯文学中称作"蛇王"的扎哈克，是个十恶不赦的暴君。据《王书》记载，铁匠卡维奋起反抗他的暴政，得法里东之助，将他抓获，锁在达马万德山。

十

纯洁的、祛除死亡的胡姆答道：

世上的阿塔尔特[①]第三次用我做成饮料。作为[对其行为的]酬报，我使他得福，生了两个男孩，名叫乌尔瓦赫沙亚[②]和伽尔沙斯布——前者是执法如山的法官；后者是武艺超群的[英雄]，一位留着长发辫、手持[千斤]狼牙棒的青年。

十一

正是他[击败和]杀死了头上生角的巨龙——那遍体流脓的怪物，喷出的黄色毒液高过梭镖，吞噬的人畜无以计数。

时值中午，伽尔沙斯布在[巨龙背上]架锅做饭。那怪物被烟熏火燎，大汗淋漓。但见它猛然跃起，把铁锅掀翻。热汤四溅，英雄伽尔沙斯布闪身躲到一边。

十二

[琐罗亚斯德接着问道：]

呵，胡姆！

世间何人第四次用你作成饮料？他得到怎样的幸福和酬报？

---

① Atart，在《阿维斯塔》称作"斯里塔"(thrita)，伊斯兰时期的古籍中称为"阿塔尔特"，是马兹达教的伟大英雄伽尔沙斯布之父。应该指出，《王书》中有关伽尔沙斯布的说法不一，一说为"扎乌"(即"扎布")之子，一说是阿塔尔特之子。

② Urvākhshaya，伽尔沙斯布的兄长。

十三

纯洁的、祛除死亡的胡姆答道：

世上的普鲁沙斯布[①]第四次用我做成饮料。作为[对其行为的]酬报，我使他得福，于是你便降临人世。呵，纯洁的琐罗亚斯德！你出身普鲁沙斯布家族，与众妖魔势不两立，是正教的虔诚信徒。

十四

琐罗亚斯德呀！伊朗维杰[②]的著名贤哲！

是你最先吟诵"阿胡纳·瓦伊里亚"[颂歌][③]，连续四次，有抑扬顿挫，后半段[声调]明显升高。

十五

琐罗亚斯德呀！最强大、最英勇、最勤奋、最敏捷、最成功的天国的造物！你将此前貌似万物之灵，在地面上游荡的妖魔鬼怪全都打入地下，令其销声匿迹。

十六

琐罗亚斯德说道：

---

① Purushasb，琐罗亚斯德之父。

② 雅利安人的故乡。

③ 亦即"亚塔·阿胡·瓦伊里尤"颂歌，由三句诗组成，在固定的音节处停顿，要连续吟诵四遍。

向胡姆——善良的胡姆，美好而真诚的胡姆——致意！[它]是外观漂亮、心地善良的救世者；是枝条柔软、颜色金黄的胜利者；是可口的上等[饮料]，灵魂的最佳引导者。

十七

呵，金黄色的胡姆！我向你顶礼膜拜，馨香祷祝：

祈求你恩赐勇敢、胜利、正确、安康、富足、发达、强健和智慧，以使我来到世间，犹如遂心所愿的君王，粉碎暴力，击败虚伪。

十八

呵，[金黄色的]胡姆！

祈求[你给予佑助]，使我粉碎敌人以欺骗手段发动的进攻，[无论]它来自众妖魔和愚民百姓，[还是]来自巫师、女妖、压迫者、卡维和卡拉潘，抑或来自两条腿的破坏者和蛊惑者、四条腿的豺狼和严阵以待的敌军，[都将被我击溃。]

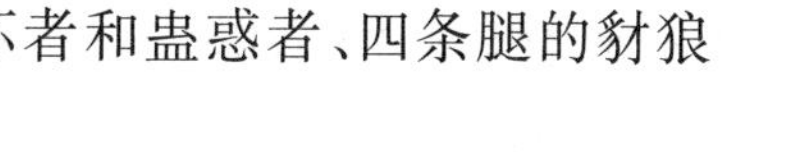

十九

呵，祛除死亡的胡姆！

我向你祈求第一个恩惠——

行善者的天国。那里[一片]光明，是安闲[舒适的处所]。

呵，祛除死亡的胡姆！

我向你祈求第二个恩惠——

身体健康，强壮有力。

呵，祛除死亡的胡姆！

我向你祈求第三个恩惠——

生命不息，长生不老。

二十

呵，祛除死亡的胡姆！

我向你祈求第四个恩惠——

［让］我成功地、勇敢地、愉快地投身于［广阔的］世界，粉碎敌人的进攻，击败虚伪。

呵，祛除死亡的胡姆！

我向你祈求第五个恩惠——

［让］我以无坚不摧的胜利者的姿态，［从战场］杀向［广阔的］世界，粉碎敌人的进攻，击败虚伪。

二十一

呵，祛除死亡的胡姆！

我向你祈求第六个恩惠——

［让］我们最先发现窃贼、强盗和豺狼。任何人也比不上我们的嗅觉灵敏，总是我们觉察在先。

二十二

胡姆恩赐驰骋疆场的勇士以力量。

胡姆恩赐产妇以虔诚的子女和杰出的儿郎。胡姆恩赐自愿接受［正教］教义的人以纯洁和智慧。

二十三

胡姆将恩赐长年待字闺中的姑娘以信守誓约的配偶，因为她们是这样祈求于他的。

二十四

正是胡姆推翻了贪权的凯雷萨尼[1]的统治，此人[生怕]丧失王位而一再宣称："从此以后，严禁宗教首领在我的国土上传教！"

他[妄图]扑灭一切力求改革、进步的[热情]。

二十五

呵，胡姆！那该多好呀！你凭借自己的力量，成功地实行统治。

但愿你听到更多的肺腑之言。

但愿你无须探听真诚的话语。

二十六

呵，胡姆！

马兹达最先为你系上纯洁的马兹达教的金光闪烁的神圣腰带[2]。于是，你总是系着那腰带挺立在山巅，成为天启的庇护者。

---

① Keresānī，信奉迪弗教的国君之一，琐罗亚斯德教的仇敌，不允许宗教首领在他的国家开展活动，传经布道。

② 指琐罗亚斯德教信徒所系的腰带，用七十二根白羊毛线编织而成，被称为"科什蒂"(Koshtí)或"科斯蒂"(Kosti)。

二十七

呵，胡姆！呵，一家之长！呵，村社之长！呵，城市长官！呵，国家元首！呵，虔诚的智者！

祈求你恩赐我以力量、成功和祛病禳灾的妙方。

二十八

请从我们身边驱逐心怀敌意的复仇者，别再让他横行无忌！

凡在这个家庭、这个村社、这座城市和这片国土为非作歹之人，要削弱他的力量，瓦解他的意志，改变他的习性！

二十九

凡对我们的存在和德行怀恨在心之人，让他徒有双腿，不能行走！徒有双手，不能做事！徒有双眼，不见天地！有眼无珠，不识动物！

三十

呵，金黄色的胡姆！

拿起武器，向穷凶极恶的黄色巨龙开战！它正在吞噬虔诚的信徒！

呵，金黄色的胡姆！

拿起武器，向惨无人道的邪恶强盗开战！他正在杀害虔诚的信徒！

三十一

呵，金黄色的胡姆！

拿起武器，向伪信者飞扬跋扈的暴君开战！他狂妄自大，不可一世，正在杀害虔诚的信徒！

呵，金黄色的胡姆！

拿起武器，向卑鄙的蛊惑者和生活的破坏者开战！他明知正教的教诲，[却]不身体力行，反而杀害虔诚的信徒！

三十二

呵，金黄色的胡姆！

拿起武器，向放浪形骸的淫妇、装神弄鬼的女巫开战！她水性杨花，似浮云飘忽；她包庇[罪犯]，杀害虔诚的信徒！

呵，金黄色的胡姆！

拿起武器，向一切杀害虔诚信徒的人宣战！

第　十　章

一

让众魔鬼和女妖们从这里滚开吧！

善良的索鲁什请［在这里］留下来！

慈善的阿尔特[①]请在这里，在这个属于阿胡拉、属于培育真诚的胡姆的家庭里安居，不要再离开！

二

呵，智者！

我轻吟"巴日"[②]，赞美你使用的研钵底部，那里盛着［胡姆］的嫩枝。

呵，智者！

我轻吟"巴日"，赞美你使用的研钵上部，赞美你以男子汉的［臂］力，捣碎里面的［胡姆枝］。

---

① Art，亦即阿希（Ashi）。

② Bāzh，与"词汇"（Vāzhe）、"讥讽"（Gavāzhe）和"歌曲"（Āvāz）同词根，意为"简短的祈祷"，教徒缓慢地吟诵或喃喃低吟。菲尔多西诗云："阿扎尔的崇拜者琐罗亚斯德，手持巴尔萨姆枝，低吟'巴日'地走着。"（引自《王书》）。

三

呵，胡姆！

我赞美云雨，它滋润着你挺立在高山之巅。

我赞美“恰卡德”[①]，因为你生长在那上边。

四

呵，胡姆！

我赞美包容你的、广袤而慷慨的大地。

我赞美土地——作为马兹达无与伦比的、芬芳而美丽的植物，你从那里破土而出。

呵，胡姆！呵，真诚的源泉！

你生于高山之巅，而足迹遍地！

五

呵，胡姆！

但愿我的赞美[和祈祷]，能使你根深、茎长、枝茂！

六

受到人们礼赞的胡姆，将茁壮生长。

称颂胡姆之人，将如愿以偿。

① Chakād，词义为“山峰”、“山巅”和“山顶”。菲尔多西诗云：“哨兵从‘恰卡德’跑下来报告，突郎大军杀来，势如风暴。”（引自《王书》）

一丁点胡姆汁，一丁点胡姆酒，简短的胡姆颂歌，足以杀死成千上万的魑魅魍魉。

七

在采集胡姆的家庭，[只要为家人和家族]吟唱祛病禳灾、灵验非凡的胡姆[颂歌]，无论什么病魔缠身，都会立即康复。

八

伴随酗酒而来的常是怒不可遏和血染兵刃，唯独胡姆酒使人微醉，沉浸于冥思遐想之中。

像对待亲子一般爱护胡姆之人，胡姆将回报他以健康的体魄。

九

呵，胡姆！

请用[如你]一般的万应灵药，治愈我的痼疾。

呵，胡姆！

请恩赐我[如你]一般的神力，以击溃顽敌。

呵，胡姆！

但愿我能成为你的挚友和赞美者。阿胡拉·马兹达喜欢这样的挚友和赞美者，一如他喜欢奥尔迪贝赫什特。

十

呵，造物主创造的勇士！你乃艺术之神的造物。

呵，造物主创造的勇士！艺术之神将你栽植于厄尔布尔士[山顶]。

十一

于是,纯洁的、[饱经]风霜的神鸟将你撒向千山万壑,撒向乌派里·萨埃纳[①][山]脊和斯塔罗·萨拉[②][山]顶之间,撒向库斯鲁·帕塔[③][山]和维什·帕萨[④][山]谷以及斯皮塔·古纳[⑤][山麓]之间。

十二

呵,胡姆!

从那时起,你生长在群山峻岭,呈黄色,多汁,种类繁杂。你的奇特功效与巴赫曼的喜悦相融合。[呵,胡姆!]现在祈求你从我身边驱逐并消灭妄图加害于我的诽谤者!

十三

我向胡姆馨香祷祝,愿它使穷苦百姓像富有者一样受人尊敬。

我向胡姆致祭行礼,愿它使穷人发家致富,心想事成。

呵,掺奶的金黄色的胡姆!

你将恩赐享用你的人多子多福,[使]他更加纯洁,更加智慧。

---

① Upāirī-Saēna,山名,一说是兴都库什山脉的分支。

② Starō-Sāra,山名,其地理位置不详。

③ Kusrō-Pata,山名,其地理位置不详。

④ Vīsh-Patha,山名,其地理位置不详。

⑤ Spīta-Gaona,山名,其地理位置不详。

十四

饮用胡姆酒的人，不应该随心所欲，像“卡维军旗”[①]那样随风摇摆。

呵，胡姆！

因你而陶醉的人，应该乐观地勇往直前，经受磨练［和勇于实践。］

呵，真诚的和培育真诚的胡姆！

我愿将自己强健的躯体奉献给你。

十五

我蔑视那愚昧无知的荡妇的鬼蜮伎俩，她妄图欺骗阿托尔邦[②]和胡姆。她在自欺欺人，绝不会有好下场。

对于心想独享［其汁液］，［而不肯施舍穷苦百姓］之人，胡姆不会恩赐他以优秀的儿女和将来可能成为阿托尔邦的子嗣。

十六

世界末日到来之前，在两大本原[③]的殊死斗争中，我尽力做到“五要”和“五不要”：

要善思、善言和善行，要恭顺和真诚。

---

① 指铁匠卡维用自己的皮围裙制作的旗帜，在他奋起反抗阿日达哈克的暴政时，用来作为军旗。（见菲尔多西的《王书》。——译者注）

② 即宗教首领。

③ 指斯潘德·迈纽和阿赫里曼。

不要恶思、恶言和恶行，不要违抗和虚伪。

十七

琐罗亚斯德说：

向马兹达恩赐的胡姆致礼！马兹达恩赐的胡姆[是]善良的。向胡姆致敬！我赞美所有的胡姆，无论它生长在高山之巅，还是峡谷[深处]，抑或由妇女采撷，收藏室中。

呵，胡姆！

我十分小心地把你从银杯倒入金杯，绝不能洒到地上，因为你是庄重而威严的！

十八

呵，胡姆！

对你的颂扬、祝福和赞美就是这些。

此乃金玉良言，它给人以健康、成功和克敌制胜的法宝。

十九

呵，胡姆！

这一切全是颂扬你，而对我说来——

但求你的令人陶醉快些到来！

但求你的令人陶醉伴随光明而来！

但求你的令人陶醉轻盈地到来！

让人们时常以颂扬的词句，赞美战无不胜的[胡姆]吧！

二十

为牲畜祝福！愿牲畜受到赞扬！愿牲畜获得成功！愿牲畜享有饲料和草场！愿牲畜从事农作，为我们提供食粮！

二十一

我们赞美金黄叶子的胡姆！我们赞美开拓世界的胡姆！

我们赞美祛除死亡的胡姆！我们赞美所有的胡姆！

现在我们赞美纯洁的斯皮塔曼·琐罗亚斯德的灵体[①]和他的奖赏！

① Fravahr，人类所具备的五种潜力之一，存在于人降生之前和去世之后，是永恒不灭的灵体。详见本书《法尔瓦尔丁·亚什特》。

第十二章

一

[我斥责众妖魔!]

我重申,我是马兹达的崇拜者,众妖魔的敌人,阿胡拉教的信徒。

我崇拜和赞美阿胡拉·马兹达和阿姆沙斯潘丹。

我认为善良的阿胡拉·马兹达——纯洁而威严的善界之主——是值得[颂扬的]。因为一切善的造物皆源自于他,牲畜源自于他,光明源自于他;由于他的光芒,[世界]才得以披上欢乐的盛装。

二

我选择善良的塞潘达尔马兹,但愿他属于我!

我反对偷窃和虐待牲畜!

我反对损害和破坏马兹达信徒的村社!

三

凡与自己的牲畜一起生活在这块土地上的人,我尊重他的来去自由和建立家庭的自由。

祈祷之际，我面对祖尔[1]，再次申明：

从今后，我绝不损害和破坏马兹达信徒的村社，绝不谋害他人的生命！

四

[我]要断绝[自己]与恶本原制造的、邪恶而污秽的众妖魔的联系！

[我]要停止[自己]与虚伪、卑鄙和邪恶的造物的来往！

我要摈弃众妖魔及其追随者、巫师及其崇拜者[和所有]与人有害的造物！

这样，我就在思想、言论和行动上，与损人利己的伪信者划清了界限！

五

阿胡拉·马兹达就曾这样教导琐罗亚斯德——在马兹达与琐罗亚斯德对话时，在他们每次相聚和交谈中，阿胡拉·马兹达都这样教导琐罗亚斯德——

六

就这样，琐罗亚斯德断绝了与众妖魔的联系。这就是他与马兹达对话，和他们每次相聚和交谈的结果。我也是一个马兹达信

---

① Zōr，在拜火神庙供奉的液体供品，如牛奶和胡姆汁等。

徒，理当断绝与众妖魔的联系！

七

［我所信奉的宗教，尊重］江河、植物和良畜。

［该教宣称：］

阿胡拉·马兹达创造了牲畜和纯洁的人［类］，

创造了琐罗亚斯德［教］，凯·古什塔斯布［的宗教］，法拉舒什塔尔和贾马斯布［的宗教］，每位纯洁的、培育真诚的苏什扬特［的宗教。］

作为马兹达的信徒，我崇信这种［正］教。

八

我［以明确的语言］重申，我崇拜马兹达，追随琐罗亚斯德，我笃信正教。

我推崇善思、善言和善行。

九

我笃信正教“马兹达·亚斯纳”，它主张放下武器，消灭战争。

琐罗亚斯德的阿胡拉教是纯洁的宗教，在现有的和未来的一切宗教中，它是最伟大、最杰出、最美好的［宗教］。

我确信，一切美好的事物皆归于阿胡拉·马兹达。

第三卷

亚　什　特

《亚什特》是《阿维斯塔》中篇幅最长、也最引人入胜的部分。"亚什特"与前面提到的"亚斯纳"词义相近，区别仅仅在于，后者为一般性的祈祷和颂扬，而前者则是专门礼赞诸大天神阿姆沙斯潘丹和众神祇的。

《亚什特》包括二十一篇，大都以所赞颂的神祇的名字作为篇名；古波斯每月的三十天也冠以这些神祇的名字。

萨珊王朝时期的《亚什特》，其篇幅肯定比今日要多，因为从现存的各种宗教典籍中，发现了业已散佚的若干《亚什特》的篇名。留传下来的各篇《亚什特》十分凌乱，残缺不全，其语言和写作方法也不尽相同。

现存《亚什特》大体上可分为长篇和短篇两类。短篇《亚什特》显得古拙，粗糙，生硬，不耐读；而长篇《亚什特》则语言精美，文辞优雅，蕴藉隽永。

长篇《亚什特》不愧为远古流传下来的、伊朗最古老的颂诗，写得文雅而流畅，堪称传世佳作。

《亚什特》与《伽萨》虽同为诗歌，但语言和用韵却各不相同。似乎可以说，《亚什特》颂神诗比《伽萨》颂诗的语言成熟得多，包含的内容也更加广泛。从韵律节奏的变化和形式的多种多样来看，当时的诗人已取得显著的进步。

除了主要地颂扬造物主、阿姆沙斯潘丹和众神祇而外，《亚什特》还含有大量古老的神话、传说和故事，描述得生动形象，富有诗意。《亚什特》各篇里，不乏有关伊朗与邻国发生冲突和战争以及传说中伊朗诸帝王文治武功的记述。

编者认为，除了《伽萨》颂诗以其语言之凝炼、内容之丰富多彩而享有特殊地位而外，《阿维斯塔》的任何一卷都不能与脍炙人口的《亚什特》颂神诗相媲美。《亚什特》是全面反映我们祖先的智慧和光辉思想的一面明镜，是从不同角度表现古代伊朗思想家和优秀人物不朽形象的宝典。

令人遗憾的是，因篇幅所限，本书不能对《亚什特》各篇逐一加以介绍，不得不选译其中几篇。但愿有朝一日能完成这项意义重大的工作，把全文翻译出来。

本书从长篇《亚什特》中选译的六篇，可视为《亚什特》颂神诗的代表作，或许能引起读者的兴趣，进而去查阅其他的篇章。

我以为，这里不必详述六篇《亚什特》的具体内容，因为其中每一篇，都像打扮得娇艳无比的新娘，读者一目了然，用不着饶舌。

《亚什特》各篇分为若干“卡尔代”，词义为“章”；每章含有若干节。

第五篇 阿邦·亚什特

第一章

一

阿胡拉·马兹达对斯皮塔曼·琐罗亚斯德说：

琐罗亚斯德·斯皮塔曼呀！

赞美阿雷德维·苏拉·阿娜希塔[1]吧！她遍[布]各地，祛病禳灾，与众妖魔为敌，是阿胡拉教的信徒。

[她]在尘世理应受到称赞和颂扬。

[她]是纯洁的，洋溢着活力；令牲畜增殖，财源充盈；使国家和世界繁荣富强。[2]

---

① Aredvī-Sūra-Anāhitā，由三个词组成的复合词，意为“纯洁而强大的河流”。“阿娜希塔”在波斯文中称作“纳希德”，含有“金星”之意。她是江河的庇护神，被描绘成雍容华贵的妖娆女子。有关阿娜希塔的职司功能，在颂扬她的《阿邦·亚什特》颂神诗中记述得比其他古籍文献要详细得多。阿雷德维·苏拉·阿娜希塔还是一条天河的名称。

② 此节在每章的首节重复出现。

二

[她]净化男人的精液，为了生育使所有妇女的子宫保持清洁。[她]使女人生产顺利，必要时令产妇的乳房充满奶汁。

三

[她]雍容华贵，名扬四方。[她]宽宏大量，一如地面上奔腾不息的江河。[她]以千钧之力，从胡卡尔山[1]飞泻而下，注入法拉赫·卡尔特河[2]。

四

阿雷德维·苏拉·阿娜希塔拥有千条江河、千座湖泊。每条江之长，每座湖之阔，足够矫健的骑手四十天奔波。当她流泻法拉赫·卡尔特河时，掀起滔天巨浪，两岸涛声大作。

五

由我[3][创造的]水形成大河，流经七个国家，不分冬夏。阿雷德维[4]遵照我的意旨，净化河水、男人的精液、女人的子宫和

① Hokar，《阿维斯塔》中称作"胡凯里亚"（Hukairya），厄尔布尔士山的最高峰。阿雷德维·苏拉·阿娜希塔从有千人之高的山顶飞泻而下，注入法拉赫·卡尔特河。

② Farākh-Kart，为帕拉维语音译，亦即阿维斯塔语中的"沃鲁·卡沙"（Vouru-Kasha），意为"辽阔的河岸"。此河地理位置不详，可能指今日马赞德朗海或里海。

③ 指阿胡拉·马兹达。

④ Aredvī，本是复合词"阿雷德维·苏拉·阿娜希塔"的组成部分，单独用时专指天国里的一条大河。

奶汁。

六

我，阿胡拉·马兹达，以自己的力量创造了阿娜希塔，为的是养育和保护家庭、村社、城市和国家，并庇佑[人类]。

七

琐罗亚斯德呀！

阿雷德维·苏拉·阿娜希塔源自于[世界]的创造者马兹达。她那丰美、白皙的手臂，佩戴着珍贵耀目的饰物，宛如骏马丰腴的肩膀。

[阿娜希塔]体态轻盈，风姿秀逸，充满活力。她心里暗自思忖……[①]

八

什么人将为我馨香祷祝？什么人将郑重其事地向我奉献掺奶的祖尔？

我为此等心地善良的虔诚者祝福，愿他笑脸常开，生活愉快。

九

我高声地赞美阿雷德维·苏拉·阿娜希塔的辉煌和壮丽。我以虔诚的祈祷和祖尔[供品]赞美她。

---

① 语意未了，下接第八节。

呵，阿雷德维·苏拉·阿娜希塔！

愿你伴随着祈祷声前来救助我们！这样你将受到更加美好的礼赞：以掺奶的胡姆、巴尔萨姆[①]和明智的语言，以[善]思、[善]言和[善]行，以祖尔供品和洪亮悦耳的声音把你称赞。

阿胡拉·马兹达充分了解那些致祭行礼并得到奥尔迪贝赫什特最高奖赏的善男信女。

我们称赞这样的善男信女。[②]

第 二 章

十

(重复吟诵第一节)

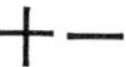

十一

[她]乘坐[自己的]彩舆，手[执]缰绳，[驱车徐行。]

[阿娜希塔]渴求荣誉的灵魂，在彩舆上不时地思忖着：

什么人将向我馨香祷祝？什么人将郑重其事地向我奉献掺奶的祖尔？

---

① Barsam，《阿维斯塔》中称作“巴雷斯曼”(Baresman)，致祭行礼时手持的细树枝(石榴树枝或柽柳树枝。——译者注)，使用这种树枝，要举行专门的仪式。用来剪树枝的剪刀，称作“巴尔萨姆·钦”；拜火祠堂内盛放树枝的容器，称作“巴尔萨姆·丹”。手持树枝，恭敬祈祷，是对阿胡拉创造的有益植物表示感谢。菲尔多西诗云：“阿扎尔的崇拜者琐罗亚斯德，手持巴尔萨姆枝，低吟‘巴日’地走着。”(引自《王书》)。

② 此节在每章的结尾重复出现。

我为此等心地善良的虔诚者祝福，愿他笑脸常开，生活愉快。

(重复吟诵第九节)

第 三 章

十二

(重复吟诵第一节)

十三

[她]驾驭四匹同种同色的雪白骏马，向所有的敌人——作恶者、众妖魔、法师和女巫，以及卡维和卡拉潘等——[发起]进攻，战胜那些专横的统治者。

(重复吟诵第九节)

第 四 章

十四

(重复吟诵第一节)

十五

[她是]金光灿烂的强者，身材颀长，婀娜多姿，[恰似]奔腾咆哮的洪流，挟天下之水，一泻千里。

（重复吟诵第九节）

第五章

十六

（重复吟诵第一节）

十七

造物主阿胡拉·马兹达在雅利安维奇[1]的万古希·戴蒂亚河[2]岸，以掺奶的胡姆和明智的语言，以[善]思、[善]言和[善]行，以祖尔供品和洪亮悦耳的声音，赞美阿娜希塔。[3]

十八

[阿胡拉·马兹达向阿娜希塔]祈求道：

呵，阿雷德维·苏拉·阿娜希塔！呵，善者！呵，强有力者！

请让我如愿以偿——使普鲁沙斯布之子、纯洁的琐罗亚斯德始终按照我的宗教信条去思想，按照我的宗教信条去言论，按照我的宗教信条去行动。

---

① 词义为“雅利安人的故乡”。雅利安人部落最初在那里定居。据说位于今花剌子模一带。

② Vanguhī-Dāitīyā，雅利安维奇境内的一条河。

③ 此处阿胡拉·马兹达像其他造物一样地赞美阿娜希塔，向她祈求成功。由此可见，造物主非常谦虚，把自己等同于他的造物，要求别人做的事，自己身体力行之。

十九

阿雷德维·苏拉·阿娜希塔对奉献祖尔供品的祈求者总是有求必应，她使阿胡拉·马兹达获得成功，[满足了他的心愿。]

(重复吟诵第九节)

第 六 章

二十

(重复吟诵第一节)

二十一

丕什达德的胡尚格[①]在哈拉山[②]顶，向阿娜希塔奉献百匹马、千头牛和万只羊……

二十二

向她祈求道：

呵，阿雷德维·苏拉·阿娜希塔！呵，善者！呵，强有力者！

请让我如愿以偿——成为世上最伟大的国君，[降伏和战胜]

① 《阿维斯塔》中称作"胡什扬格哈"(Haoshyangha)，传说中丕什达德王朝著名而虔诚的国君。据《王书》记载，他是丕什达德王朝第二任国王，继凯尤马尔斯之后，在位统治40年。发明用火和冶铁，创立点火节，用兽皮制衣等是他的功绩。

② 亦即厄尔布尔士山。

一切作恶者、众妖魔、法师和女巫以及专横的卡维和卡拉潘，击败马赞德朗三分之二的妖魔和瓦雷纳[1]的伪信者。

二十三

阿雷德维·苏拉·阿娜希塔对奉献祖尔供品的祈求者总是有求必应，使他获得成功，[满足了他的心愿。]

（重复吟诵第九节）

第 七 章

二十四

（重复吟诵第一节）

二十五

拥有良畜的贾姆希德在胡卡尔山顶，向[阿娜希塔]奉献百匹马、千头牛和万只羊……

二十六

向她祈求道：

呵，阿雷德维·苏拉·阿娜希塔！呵，善者！呵，强有力者！

请让我如愿以偿——成为世上最伟大的国君，[降伏和战胜]

---

① Varena，即今伊朗吉兰省。

一切作恶者、众妖魔、法师和女巫以及专横的卡维和卡拉潘，使众妖魔享受不到财富、幸运、富足、牲畜、欢乐和荣耀。

二十七

阿雷德维·苏拉·阿娜希塔对奉献祖尔供品的祈求者总是有求必应，使他获得成功，[满足了他的心愿。]

（重复吟诵第九节）

第　八　章

二十八

（重复吟诵第一节）

二十九

三张嘴巴的阿日达哈克在巴比伦的国土上，向[阿娜希塔]奉献百匹马、千头牛和万只羊……

三十

向她祈求道：

呵，阿雷德维·苏拉·阿娜希塔！呵，善者！呵，强有力者！

请让我心想事成——[能]使[地面上]的七个国家一片荒凉，渺无人烟！

三十一

阿雷德维·苏拉·阿娜希塔未使他得逞，[令其愿望落空。]

（重复吟诵第九节）

第 九 章

三十二

（重复吟诵第一节）

三十三

出身名门望族的阿特宾之子法里东，在瓦雷纳的四方[国土上]，向[阿娜希塔]奉献百匹马、千头牛和万只羊……

三十四

向她祈求道：

呵，阿雷德维·苏拉·阿娜希塔！呵，善者！呵，强有力者！

请让我如愿以偿——战胜三张嘴巴、三个脑袋和六只眼睛的阿日达哈克——那有上千种变化、异常强大而虚伪的妖魔，那使世界遭难的最凶残、狡诈的[妖魔]，是阿赫里曼为损害尘世和破坏真诚世界而制造出来的元凶；并从其魔掌中解救出被霸占的沙赫尔娜兹和阿尔娜瓦兹[①]——她们是操持家务的能手，还擅长生儿育

① 贾姆希德的两个女儿。据传说，阿日达哈克杀死贾姆希德后，霸占她们作为妻室。

女，繁殖后代。

三十五

阿雷德维·苏拉·阿娜希塔对奉献祖尔供品的祈求者总是有求必应，使他获得成功，［满足了他的心愿。］

（重复吟诵第九节）

第　十　章

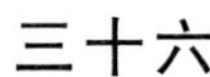

三十六

（重复吟诵第一节）

三十七

无畏的勇士伽尔沙斯布在皮欣伽湖[①]边，向［阿娜希塔］奉献百匹马、千头牛和万只羊……

三十八

向她祈求道：

呵，阿雷德维·苏拉·阿娜希塔！呵，善者！呵，强有力者！

请让我如愿以偿——在波浪滔天的法拉赫·卡尔特河岸边，

---

① 据说此湖位于锡斯坦。

战胜金脚踵的甘达雷瓦[①];使我在辽阔无垠的大地上纵横驰骋,踏平伪信者的坚固房屋。

三十九

阿雷德维·苏拉·阿娜希塔对奉献祖尔供品的祈求者总是有求必应,使他获得成功,[满足了他的心愿。]

(重复吟诵第九节)

第　十　一　章

四十

(重复吟诵第一节)

四十一

邪恶的突朗人阿弗拉西亚布[②],在[他的]地下宫殿汉格[③],向[阿娜希塔]奉献百匹马、千头牛和万只羊……

---

① Gandareva,传说中的巨妖,为伽尔沙斯布所杀。

② 《阿维斯塔》中称作"弗兰格拉西扬"(Frangrasyan),词义为"令人生畏的",是声名显赫的突朗国君。有关他与伊朗诸英雄交战的故事,在《阿维斯塔》和《王书》中有详尽的描述。阿弗拉西亚布为凯·霍斯鲁所杀。

③ "汉格·阿弗拉西亚布"指阿弗拉西亚布在地下修建的一座宫殿,铜墙铁壁,富丽堂皇,有千人之高,百根立柱。据传说,阿弗拉西亚布以固若金汤的地下宫殿,作为自己的避难所。

四十二

向她祈求道：

呵，阿雷德维·苏拉·阿娜希塔！呵，善者！呵，强有力者！

请让我心想事成——［能］获得潜入法拉赫·卡尔特河的灵光[①]，那现在和将来属于雅利安人国家和纯洁的琐罗亚斯德的灵光！

四十三

阿雷德维·苏拉·阿娜希塔未使他得逞，［令其愿望落空。］

（重复吟诵第九节）

第　十　二　章

四十四

（重复吟诵第一节）

四十五

强大的凯·卡乌斯[②]在埃雷齐弗亚[③]山上，向［阿娜希塔］奉献百匹马、千头牛和万只羊……

---

① 灵光（Farr），详见本书《扎姆亚德·亚什特》。

② 《阿维斯塔》中称作“卡维·乌桑”（Kavi-Usan），传说中凯扬王朝的第二任国君。

③ Erezifya，山名，其地理位置不详，可能指厄尔布尔士山脉中一座山峰。

四十六

向她祈求道：

呵，阿雷德维·苏拉·阿娜希塔！呵，善者！呵，强有力者！

请让我如愿以偿——成为世上最伟大的国君，战胜一切作恶者、众妖魔、法师和女巫以及专横的卡维和卡拉潘。

四十七

阿雷德维·苏拉·阿娜希塔对奉献祖尔供品的祈求者总是有求必应，使他获得成功，[满足了他的心愿。]

（重复吟诵第九节）

第　十　三　章

四十八

（重复吟诵第一节）

四十九

雅利安人国家的英雄凯·霍斯鲁[1]，那贤明的君主，在开阔的

---

① 《阿维斯塔》中称作"卡维·胡斯拉瓦赫"（Havi-Haosravah），传说中凯扬王朝的第三任国君。他是西亚乌什之子，凯·卡乌斯之孙。

深水湖恰埃恰斯特[①]岸边，向[阿娜希塔]奉献百匹马、千头牛和万只羊……

五十

向她祈求道：

呵，阿雷德维·苏拉·阿娜希塔！呵，善者！呵，强有力者！

请让我如愿以偿——成为世上最伟大的国君，战胜一切作恶者、众妖魔、法师和女巫以及专横的卡维和卡拉潘；使我一马当先，驰骋疆场，冲锋陷阵；当邪恶的敌军纵马杀来时，我[和我的战友]能应付自如，不致受困。

五十一

阿雷德维·苏拉·阿娜希塔对奉献祖尔供品的祈求者总是有求必应，使他获得成功，[满足了他的心愿。]

（重复吟诵第九节）

第　十　四　章

五十二

（重复吟诵第一节）

---

①　《阿维斯塔》中称作"恰埃恰斯塔"（Chaechasta），位于阿塞拜疆的一座湖，即今乌尔米耶湖，或称雷扎耶湖。

五十三

骁勇善战的图斯[①]，在马背上赞美[阿娜希塔]，为自己和他的战马祈求力量和健康，以便能从远处发现来敌，只用一个回合，就将复仇心切的对手打翻在地。

五十四

图斯向阿娜希塔祈求道：

呵，阿雷德维·苏拉·阿娜希塔！呵，善者！呵，强有力者！

请让我如愿以偿——[能]在巍峨而纯洁的甘格[②]山上的哈沙斯鲁·苏卡[③]隘口，战胜剽悍的维塞[④]，征服突朗人的国家，数十、数百、数千、数万、数十万地歼灭敌人。

五十五

阿雷德维·苏拉·阿娜希塔对奉献祖尔供品的祈求者总是有求必应，使他获得成功，[满足了他的心愿。]

（重复吟诵第九节）

---

① 图斯，努扎尔之子，伊朗的著名英雄，凯·霍斯鲁的军事统帅，曾一度觊觎王位。据《王书》记载，图斯等伊朗将领，随同欲到另一个世界去的凯·霍斯鲁走向荒山野岭。凯·霍斯鲁隐遁之后，他和其他随行人员均被大雪埋没而丧生。马兹达教信徒认为，图斯属永生不死者之列，隐遁先知苏什扬特出世之际，他将协助铲除邪恶。

② 《阿维斯塔》中称作“坎伽哈”（Kangaha），山名，据说，位于突朗境内。西亚乌什所建的著名的“甘格”城堡，就坐落在此山上。

③ Khashathro-Suka，甘格山上的一个隘口。

④ 维塞，帕尚格的兄长，阿弗拉西亚布的伯父。他的几个儿子骁勇剽悍，在阿弗拉西亚布与凯·霍斯鲁的战争中阵亡。

第 十 五 章

五十六

（重复吟诵第一节）

五十七

勇武剽悍的维塞诸子，在巍峨而纯洁的甘格山上的哈沙斯鲁·苏卡隘口，向[阿娜希塔]奉献百匹马、千头牛和万只羊……

五十八

向她祈求道：

呵，阿雷德维·苏拉·阿娜希塔！呵，善者！呵，强有力者！

请让我们心想事成——[能]在巴比伦之战中击败骁勇的图斯，征服伊朗人的国家，数十、数百、数千、数万、数十万地歼灭敌人。

五十九

阿雷德维·苏拉·阿娜希塔未使他们得逞，[令其愿望落空。]

（重复吟诵第九节）

第 十 六 章

六十

（重复吟诵第一节）

六十一

老练的水手普尔瓦[1]，当被战无不胜的法里东变成黑兀鹫、在空中翱翔时，向阿娜希塔祈祷。

六十二

普尔瓦连续飞行了三天三夜，仍不得返回老家。眼看到了第四天，清晨时他向阿雷德维·苏拉·阿娜希塔大声祈求道：

六十三

呵，阿雷德维·苏拉·阿娜希塔！

快来救助我，护佑我吧！假如我能活着飞落阿胡拉创造的大地，回到自己的家园，我将在兰伽哈[2]河边向你致祭行礼，奉献上千种掺有胡姆和牛奶的祖尔供品。

---

① Pāurva。水手普尔瓦被法里东变成一只黑兀鹫，腾空而去。这则神话故事仅在此处出现，《阿维斯塔》其他章节和古籍经文均无记载。

② Rangahā。此河地理位置不详，据推测，可能位于伊朗东部，似指今之锡尔河。

六十四

这时，阿雷德维·苏拉·阿娜希塔化作美貌绝伦的少女——身材颀长，风姿秀逸，雍容大雅，纯洁而善良。她紧束细腰，脚穿系着金带的闪光秀鞋，翩然而至……

六十五

她敏捷地一把抓住普尔瓦的手臂，转瞬间，使他安然降落阿胡拉创造的大地，和以前一样健康[愉快]地回到自己的家园。

六十六

阿雷德维·苏拉·阿娜希塔对奉献祖尔供品的祈求者总是有求必应，使他获得成功，[满足了他的心愿。]

（重复吟诵第九节）

第 十 七 章

六十七

（重复吟诵第一节）

六十八

贾马斯布当看到崇信谎言的“迪弗·亚斯纳”的大军[①]列队从远方杀来时，向[阿娜希塔]奉献百匹马、千头牛和万只羊……

六十九

向她祈求道：

呵，阿雷德维·苏拉·阿娜希塔！呵，善者！呵，强有力者！

请让我如愿以偿——获得一次伟大的胜利，它相当于其他雅利安人取得的所有的胜利。

七十

阿雷德维·苏拉·阿娜希塔对奉献祖尔供品的祈求者总是有求必应，使他获得成功，[满足了他的心愿。]

（重复吟诵第九节）

第十八章

七十一

（重复吟诵第一节）

① 即迪弗教的信徒。该教与阿胡拉教势不两立。

七十二

普鲁扎赫什蒂[①]之子阿沙瓦兹丹伽哈[②]、萨尤日德里[③]之子阿沙瓦兹丹伽哈和斯里塔[④]，当着骏马拥有者、光辉的首领和伟大的天神阿帕姆·纳帕特[⑤]的面，向[阿娜希塔]奉献百匹马、千头牛和万只羊……

七十三

向她祈求道：

呵，阿雷德维·苏拉·阿娜希塔！呵，善者！呵，强有力者！

请让我们如愿以偿——[能]在尘世的战场上制服[达努][⑥]的突朗人、阿萨巴纳[⑦][家族]的卡拉[⑧]和瓦拉[⑨]以及杜拉埃卡埃塔[⑩]。

---

① Pourudhākhshtī，马兹达·亚斯纳教的虔诚信徒和著名人物。

② Ashavazdangaha，马兹达·亚斯纳教的虔诚信徒和著名人物，被认为是永生不死者，隐遁先知苏什扬特的助手。

③ Sāyuzhdrī，马兹达·亚斯纳教的虔诚信徒和著名人物。

④ Thrīta，马兹达·亚斯纳教的虔诚信徒和著名人物。

⑤ Apam-Napāt，河水的庇护神，阿娜希塔的助神之一。

⑥ Dānu，一个突朗部落的名称。

⑦ Asabana，一个突朗家族的名称。

⑧ Kara，阿萨巴纳家族的重要成员。

⑨ Vara，阿萨巴纳家族的重要成员。

⑩ Dūraēkaēta，与马兹达·亚斯纳教为敌的一个突朗人。

七十四

阿雷德维·苏拉·阿娜希塔对奉献祖尔供品的祈求者总是有求必应，使他们获得成功，[满足了他们的心愿。]

（重复吟诵第九节）

第十九章

七十五

（重复吟诵第一节）

七十六

努扎尔[1]家族的维斯陶鲁[2]，在维坦古海蒂[3]河边，向阿娜希塔致祭行礼，口中念念有词，道出肺腑之言：

七十七

呵，阿雷德维·苏拉·阿娜希塔！

坦诚地说，我消灭的迪弗·亚斯纳教徒跟自己的头发一样多。[现在]求你在维坦古海蒂河中为我开出一条通道来！

① 《阿维斯塔》中称作“努塔拉”（Naotara），曼努切赫尔之子。据《王书》记载，他是扎拉斯布的兄长，曼努切赫尔死后，登上王位，执政七年，为突朗的阿弗拉西亚布所杀。

② Vistauru，伊朗著名人物，出身努扎尔家族。

③ Vitanguhaitī，河名，其地理位置不详，大概位于伊朗东部。

七十八

此时,阿雷德维·苏拉·阿娜希塔化作美貌绝伦的女郎——身材颀长,风姿秀逸,雍容大雅,纯洁而善良。她披戴华贵,紧束细腰,脚穿闪光的金履,翩然而至。

她止住一股水流,让河水从旁边流过去。于是,维坦古海蒂河中便显露出一条通道。

七十九

阿雷德维·苏拉·阿娜希塔对奉献祖尔供品的祈求者有求必应,使他获得成功,[满足了他的心愿。]

(重复吟诵第九节)

第二十章

八十

(重复吟诵第一节)

八十一

弗里扬[1][家族]的尤伊什塔[2],在兰伽哈河的孤岛上,向阿娜

---

① Fryān,一个皈依琐罗亚斯德教的突朗家族。

② Yoishta,突朗的著名人物,出身弗里扬家族,是琐罗亚斯德的信徒和朋友。

希塔奉献百匹马、千头牛和万只羊……

八十二

向她祈求道：

呵，阿雷德维·苏拉·阿娜希塔！呵，善者！呵，强有力者！

请让我如愿以偿——能战胜狡诈而狂妄的阿赫蒂亚[1]，回答出他心怀叵测地向我提出的九十九道难题。

八十三

阿雷德维·苏拉·阿娜希塔对奉献祖尔供品的祈求者总是有求必应，使他获得成功，[满足了他的心愿。]

（重复吟诵第九节）

八十四

（重复吟诵第一节）

八十五

慈善的阿胡拉·马兹达命令道：

---

① Akhtya，信奉迪弗·亚斯纳教的突朗人，他与尤伊什塔对阵斗智，后者回答出他的九十九条谜语。

阿雷德维·苏拉·阿娜希塔呀！

你从星空飞落阿胡拉创造的大地，然后再返回这里！

阿娜希塔呀！

英明果敢的统治者和声名显赫的社会贤达及其子嗣，应该向你馨香祷祝，致祭行礼。

八十六

阿娜希塔呀！

战士和勇士应该向你祈求骏马和获得[神的]灵光，虔诚者的首领应该向你祈求灵魂修养和获得阿胡拉创造的知识、谦恭、成功和克敌制胜的优势。

八十七

阿娜希塔呀！

待字闺中的勤劳少女应该向你祈求[上佳的]配偶和勇敢的一家之主。

年轻的[孕]妇分娩时应该向你祈求顺利生产。

阿雷德维·苏拉·阿娜希塔呀！

唯有你能做到这一切，[呵，阿娜希塔！]

八十八

琐罗亚斯德呀！

阿雷德维·苏拉·阿娜希塔从星空降落阿胡拉创造的大地，开口言道：

八十九

斯皮塔曼呀!

正是阿胡拉·马兹达使你成为尘世的伟大[首领],并委派我庇护[他的]所有纯洁的造物。

由于我的灵光和光芒,人类和大、小牲畜才得以在地面上奔走、[活动。]我保护着马兹达所有善良而纯洁的造物,如同厩房使牲畜[得以安身]和受到保护。

九十

琐罗亚斯德向阿娜希塔问道:

呵,阿雷德维·苏拉·阿娜希塔!

正是马兹达从太阳[光源]之上为你开辟一条通道,才使你免遭蟒蛇、阿雷什纳、瓦弗扎卡和瓦雷纳瓦维什[①]等的伤害!

我该怎样赞美你?以怎样的颂歌向你馨香祷祝,致祭行礼?

九十一

阿雷德维·苏拉·阿娜希塔回答说:

从太阳东升至日落[西山],你和了解问答(天启)的众首领以及领悟神的纯洁语言而饱经风霜的智者,可以饮用我的祖尔。

琐罗亚斯德呀!

就这样赞美我,以此颂歌向我馨香祷祝,顶礼膜拜吧!

---

① 此处列举的均为有害动物,但其具体所指,无从可考。

九十二

哈雷塔[1]、发高烧者、有生理缺陷者、萨奇[2]、卡斯维什[3]、妇女、不吟诵《伽萨》者、应与他人隔离的皮斯[4]等，均不得饮用我的祖尔。

九十三

凡盲人、聋子、侏儒、白痴、牙齿不整者、驼背或突胸者、阿拉[5]患者、癫痫病人和大家公认的呆傻之人，均不得饮用我的祖尔。

上述人等举行的祖尔祭礼，我将不屑一顾。

九十四

琐罗亚斯德向阿娜希塔问道：

呵，阿雷德维·苏拉·阿娜希塔！

迪弗教徒和伪信者在日落之后若为你举行祖尔祭礼，将会怎样呢？

九十五

阿雷德维·苏拉·阿娜希塔回答说：

---

① Harēta，一种疾病的患者，具体什么病，不得而知。

② Sachī，一种疾病的患者，具体什么病，不得而知。

③ Kasvīsh，一种疾病的患者，具体什么病，不得而知。

④ 似指白癜风患者，身上出现白斑。

⑤ Ara，一种尚未搞清的疾病。

纯洁的琐罗亚斯德呀！

我不屑一顾的祖尔[祭礼]，纵有成百上千的恶棍、歹徒、诽谤者和卑贱之人参加，充其量不过是颂扬众妖魔的[礼仪]。

九十六

我赞扬为人称道的、金光灿烂的胡卡尔山——阿雷德维·苏拉·阿娜希塔从有千人之高的山顶飞泻而下。

阿雷德维·苏拉·阿娜希塔挟天下之水，以排山倒海之势，日夜奔流不息。

（重复吟诵第九节）

第二十二章

九十七

（重复吟诵第一节）

九十八

马兹达·亚斯纳教徒手持巴尔萨姆枝来到她身边。赫沃瓦[①]家族馨香祷祝，向她祈求财富。努扎尔家族致祭行礼，向她祈求骏马。

时过不久，赫沃瓦家族果然变得殷实富有，努扎尔家族也如愿

① Hvōva，即赫沃格瓦（Hvōgva）。

以偿。古什塔斯布在这片土地上拥有了骏马良骥。

九十九

阿雷德维·苏拉·阿娜希塔对奉献祖尔供品的祈求者总是有求必应,使他们获得成功,[满足了他们的心愿。]

(重复吟诵第九节)

第二十三章

一〇〇

(重复吟诵第一节)

一〇一

[她]拥有千条江河、千座湖泊。每条江之长,每座湖之阔,足够矫健的骑手四十天奔波。

每座[湖]的岸边,建有[华丽]而舒适的房屋,上面安装着百扇明亮的窗户。还有千根精雕细刻的圆柱,千根立柱支撑着宏伟壮观的房屋。

一〇二

每间屋子里铺着精美的被褥和香气四溢的枕头。

瑣罗亚斯德呀!

就在这里，阿雷德维·苏拉·阿娜希塔从有千人之高的顶端飞泻而下。她挟天下之水，以排山倒海之势，日夜奔流不息。

（重复吟诵第九节）

第二十四章

一〇三

（重复吟诵第一节）

一〇四

纯洁的琐罗亚斯德在雅利安维奇的万古希·戴蒂亚[河]畔，手持巴尔萨姆枝，以掺奶的胡姆和祖尔供品，以明智的语言、洪亮悦耳的声音，以善思、善言和善行，向阿雷德维·苏拉·阿娜希塔致祭行礼，馨香祷祝……

一〇五

向她祈求道：

呵，阿雷德维·苏拉·阿娜希塔！呵，善者！呵，强有力者！

请让我如愿以偿——使洛赫拉斯布[1]之子、英勇的凯·古什塔斯布始终按照宗教信条去思想，按照宗教信条去言论，按照宗教

① 古什塔斯布国王的父亲，在他之前，曾执掌朝政。达吉吉诗云："洛赫拉斯布起身从御座上走下，让位给古什塔斯布，随即出发。"（转引自《王书》）。

信条去行动。

一〇六

阿雷德维·苏拉·阿娜希塔对奉献祖尔供品的祈求者总是有求必应，使他获得成功，[满足了他的心愿。]

（重复吟诵第九节）

第二十五章

一〇七

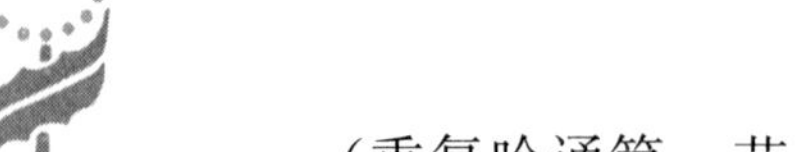

（重复吟诵第一节）

一〇八

志向远大的凯·古什塔斯布面对弗拉兹达纳[①]湖，向阿娜希塔奉献百匹马、千头牛和万只羊……

一〇九

向她祈求道：

呵，阿雷德维·苏拉·阿娜希塔！呵，善者！呵，强有力者！

请让我如愿以偿——在尘世的战场上击败敌视正教的塔斯里

① Frazdāna，位于锡斯坦的一座湖。

亚万特[①]、崇拜妖魔的佩沙纳[②]和伪信者阿尔贾斯布[③]。

一一〇

阿雷德维·苏拉·阿娜希塔对奉献祖尔供品的祈求者总是有求必应，使他获得成功，[满足了他的心愿。]

（重复吟诵第九节）

第二十六章

一一一

（重复吟诵第一节）

一一二

披坚执锐、纵马驰骋的扎里尔[④]面对戴蒂亚河，向阿娜希塔奉献百匹马、千头牛和万只羊……

一一三

向她祈求道：

呵，阿雷德维·苏拉·阿娜希塔！呵，善者！呵，强有力者！

① Tathryāvant，迪弗教的信徒，为古什塔斯布所杀。

② Peshana，古什塔斯布的对手之一。

③ 信奉迪弗教的突朗人，死于埃斯梵迪亚尔之手。

④ 洛赫拉斯布之子，古什塔斯布的兄长，伊朗的军事统帅。

请让我如愿以偿——在辽阔的战场上击败崇信妖魔的胡马亚卡[①],[他]手执长钩,在八个洞穴居住;并战胜伪信者阿尔贾斯布。

一一四

阿雷德维·苏拉·阿娜希塔对奉献祖尔供品的祈求者总是有求必应,使他获得成功,[满足了他的心愿。]

(重复吟诵第九节)

第二十七章

一一五

(重复吟诵第一节)

一一六

阿尔贾斯布的[兄长]万达雷迈尼什[②],在法拉赫·卡尔特河附近,向阿娜希塔奉献百匹马、千头牛和万只羊……

一一七

向她祈求道:

呵,阿雷德维·苏拉·阿娜希塔!呵,善者!呵,强有力者!

---

① Humayaka,信奉迪弗教的突朗人,为扎里尔所杀。

② Vandaremainish,阿尔贾斯布的兄长,信奉迪弗教的突朗王子。

请让我心想事成——[能]战胜凯·古什塔斯布和骁勇的骑士扎里尔，征服雅利安人的国土，数十、数百、数千、数万、数十万地歼灭敌人！

一一八

阿雷德维·苏拉·阿娜希塔未使他得逞，[令其愿望落空。]
（重复吟诵第九节）

第二十八章

一一九

（重复吟诵第一节）

一二〇

阿胡拉·马兹达以风、雨、云和冰雹为她造出了四匹[骏]马。
琐罗亚斯德·斯皮塔曼呀！
[借助这四匹骏马]，她不时地为我降下雨、雪、霜露和冰雹。

一二一

（重复吟诵第九十六节和第九节）

第二十九章

一二二

（重复吟诵第一节）

一二三

阿雷德维·苏拉·阿娜希塔身披金黄色的帕纳姆[1]，驻足伫立，渴望[倾听]祖尔颂歌[2]，心里暗自思忖：

一二四

什么人将为我馨香祷祝？什么人将郑重其事地向我奉献掺奶的祖尔？

我为此等心地善良的虔诚者祝福，愿他笑脸常开，生活愉快。

（重复吟诵第九节）

① Panām，词义为“铠甲”或“战袍”。

② 指制作和奉献祖尔供品时吟唱的颂歌。

第 三 十 章

一二五

（重复吟诵第一节）

一二六

阿雷德维·苏拉·阿娜希塔像往常一样，现形为美妙绝伦的年轻女郎。她风姿秀逸，细腰紧束，亭亭玉立；她雍容大雅，纯洁而善良，身着华贵多褶的衣裳。

一二七

阿娜希塔像往常一样，手持巴尔萨姆枝，耳边垂戴四角形金耳环，秀美的脖颈上套着项圈。

阿雷德维·苏拉·阿娜希塔系紧腰带，使她的乳房[隆起]，越发显得婀娜多姿，妖娆迷人。

一二八

阿雷德维·苏拉·阿娜希塔头戴八角形的车轮状金冠，一个圆环突出在顶端，上面系着彩带，镶有百颗明星，格外耀眼。

一二九

阿雷德维·苏拉·阿娜希塔的衣饰,用三百张雌海狸[1]皮精制而成。水生动物海狸[的皮]世上最为华贵,用手轻轻抚摸,像金银一样闪耀光辉。

一三〇

呵,阿雷德维·苏拉·阿娜希塔!呵,善者!呵,强有力者!

现在我祈求你赐福,令我极其庄重地荣获伟大的王国。

在那个[国家]食物充裕,人人富足,生活美好。

在那个[国家]车辚辚,马萧萧,鞭响处好不热闹。

在那个[国家]五谷丰登,到处都是美味佳肴。

在那个[国家]所需物品应有尽有,仓库里满是金银财宝。

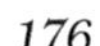

一三一

呵,阿雷德维·苏拉·阿娜希塔!呵,善者!呵,强有力者!

现在我祈求你恩赐两条腿和四条腿的机灵动物[2]。

两条腿的动物机智灵敏,善于作战,能熟练地驾驭战车,在战场上驰骋;四条腿的动物能从左右两面出击,一举踏平敌军宽阔的战壕。

---

① Babr,亦即阿维斯塔语中的"巴弗里"(Bavri),水生动物海狸,拉丁语称作 Fiber,英语称作 Beaver。波斯语中的"巴布尔",词义为"老虎",阿拉伯语称之为"纳梅尔",不可与此处的"巴布尔"(海狸)相混淆。

② 喻指男孩和骏马是祈求者渴望得到的恩赐。

一三二

呵,阿雷德维·苏拉·阿娜希塔!

为享有这种祈祷和赞美,为享有这种致祭行礼,[请快些]从极高的星[空]降临到阿胡拉创造的大地,降临到祖尔奉献者和丰盛的祭品这里!

为了帮助你将予以拯救的祈祷者,[为了庇佑]出于真诚而向你奉献祖尔者,[请快些降临],以使所有的勇士像凯·古什塔斯布那样安然返回家园。

(重复吟诵第九节)

一三三

伟大的琐罗亚斯德因真诚而被选中,那上界的首领[在自己行为的宝库]捍卫人们的善行,复活日之际将其奉献给马兹达。马兹达的天国属于贫穷百姓的庇护者。

向马兹达创造的[所有]行善的江河湖泊致意!向阿雷德维·苏拉·阿娜希塔致礼!

真诚乃是幸福的最佳食粮[和源泉]。幸福属于[品行端正和]渴求至诚之人。

威严、灵光、健康、长寿、胜利、[成功、]确保安逸的财富,出类拔萃的子嗣,永恒的生活,纯洁[而善良者]的天国和给人以无限温暖的光芒,这一切全属于你的赞美者!

第八篇　蒂尔·亚什特

第　一　章

一

阿胡拉·马兹达对斯皮塔曼·琐罗亚斯德说：

[琐罗亚斯德呀！]

你充任[人类]在天国和尘世的首领吧！

我赞颂月亮、马亚兹德和家庭，并祈求威严的[蒂什塔尔][①]星与月亮一起，恩赐勇士们以威严。

我以祖尔祭礼赞美恩赐家庭的吉星蒂什塔尔。

二

我们赞美威严的蒂什塔尔，那恩赐和睦和快乐的家庭之[星]；那在高[空]疾驰的、祛病禳灾的[星]，放射出银白色纯洁的光芒。

---

① Tishtar，帕拉维语词，《阿维斯塔》中称为 Tīshtrya，星名，雨神。阿拉伯语称作"天狼星"，相当英语中词 Sirius。波斯语称之为"蒂尔"（Tīr），但不可与当"水星"讲的"蒂尔"相混淆。

我们赞美烟波浩淼的河水。我们赞美遐迩闻名的万古希河。我们赞美马兹达创造的古什[①]、强大的凯扬灵光[②]和纯洁的斯皮塔曼·琐罗亚斯德的灵体。

三

我们以祖尔供品、掺奶的胡姆和巴尔萨姆枝，以明智的语言，以[善]思、[善]言和[善]行，以洪亮悦耳的音调，高声地赞美威严的蒂什塔尔。

马兹达·阿胡拉知道以最高的正教礼仪馨香祷祝的善男信女。

我们称赞此等的善男信女。[③]

第 二 章

四

我们赞美威严的蒂什塔尔。它孕育着水的胚胎；它强大、威严、充满活力；它位于高空，目光远大，出类拔萃，雍容显贵；它与阿帕姆·纳帕特同出一类。

（重复吟诵第三节）

---

① Gūsh，《阿维斯塔》中称为 Gaush，亦作德尔瓦斯帕（Drvāspā），牲畜的保护神。

② 详见本书《扎姆亚德·亚什特》。

③ 此节在《蒂尔·亚什特》每章末尾重复吟诵。

第 三 章

五

我们赞美威严的蒂什塔尔。大小牲畜期待着[它的光临];昔日的压迫者和以前为非作歹的卡埃塔[1]也期待着[它的光临]。

威严的蒂什塔尔何时将在天边出现?

源流何时再如矫健的骏马奔腾向前?

(重复吟诵第三节)

第 四 章

六

我们赞美威严的蒂什塔尔。它向法拉赫·卡尔特河急驰,犹如伊朗最佳弓箭手阿雷什[2]发射的利箭——从艾里奥·赫舒萨[3]

---

① Kaeta,敌视琐罗亚斯德教的某些部落的名称。

② Āresh,《阿维斯塔》中称作"埃雷赫沙"(Erekhsha),传说中著名的弓箭手。据称,伊朗国王曼努切赫尔在位时期,勇士阿雷什奉命从厄尔布尔士山脉的一座山顶发射一箭,飞箭直达阿姆河岸边(或费尔干纳一带),于是那里被确定为伊朗和突朗两国的边界。阿雷什的名字和有关他的传说,在伊朗文学作品中多次出现,后由现代诗人西亚乌什·卡斯拉依据此题材写成叙事诗《神箭手阿雷什》。

③ Airyo-Khshutha,山名,其地理位置不详。据推测,当属厄尔布尔士山脉。

山飞向赫瓦纳万特[1]山。

七

那时，造物主阿胡拉·马兹达赋予[阿雷什的飞箭]以[神力]。江河、植物和领有辽阔原野的梅赫尔[2]沿途为它开道。

（重复吟诵第三节）

第 五 章

八

我们赞美战胜女妖的、威严的蒂什塔尔。当众女妖在烟波浩淼，深不可测，景色宜人，充满活力的法拉赫·卡尔特河岸，摇身变成扫帚星在天地间急驰时，蒂什塔尔化作一匹纯洁的骏马，在[河中]掀起巨浪，顿时狂风大作，瓦解了女妖的[魔力]。

九

那时，萨塔瓦耶斯[3]出现，降福人世，将河水引向七个国家。

[随后，]皎洁美丽、恩赐祥和的[蒂什塔尔]光照地面上的国家，使其享有好年成。

---

① Khvanavant，山名，其地理位置不详。据推测，可能位于霍拉桑北部。

② 详见《梅赫尔·亚什特》。

③ Satavayēs，帕拉维语词，《阿维斯塔》中称作 Satavaēsa，蒂什塔尔的伴星，雨水庇护神之一。

于是，雅利安人的国土到处五谷丰登。

（重复吟诵第三节）

第　六　章

十

我们赞美威严的蒂什塔尔，它对阿胡拉·马兹达说：

呵，阿胡拉·马兹达！呵，纯洁的智慧！呵，世界的创造者！呵，一尘不染的神明！

十一

假如人们在[自己的]祈祷中提到我的名字，对我加以称颂，就像呼唤和赞美其他神祇一般，那我就将以自己永恒的光辉生命关照他们，在事先约定的时间，一个、两个乃至五十个夜晚，出现[在他们面前]。

十二

我们赞美蒂什塔尔。我们赞美蒂什塔尔·亚埃尼[①]。我们赞美继蒂什塔尔之后出现的那颗星[②]。我们赞美昴星团。我们赞美北斗七星，它与巫师和女妖相抗衡。我们赞美马兹达创造的瓦南

---

① Tishtar-Yaēīnī，围绕着蒂什塔尔的星群，被视为蒂什塔尔的助神。

② 指前面提到的萨塔瓦耶斯。

德[1]星，以求强大有力，取得辉煌的胜利；以求保存阿胡拉创造的力量，占据优势，勇往直前，克敌制胜。

我们赞美吉祥的蒂什塔尔。

十三

斯皮塔曼·琐罗亚斯德呀！

威严的蒂什塔尔在[每月]头十个夜晚，化作目光炯炯、神采奕奕、高大魁梧、矫健有力的十五岁青年，在星光中飞驰。

十四

化作首次系上科斯蒂[2]的青年。

化作首次变得强壮有力的青年。

化作首次步入成人期的青年。

十五

在这里，在这个聚会上发表演讲的[是谁]？在这里提出问题的[又是谁]？[3] 而今什么人将以祖尔供品和掺奶的胡姆把我赞美？

我应该使何人享有身强体健的子孙？应该恩赐[哪个人]以完

---

① Vanand，蒂尔塔尔的助神之一。据《本达希申》记载，瓦南德为南部星空的统领。人们祈求它的佑助，以祛除有害的动物和昆虫带来的灾难。

② Kostī 或 Koshtī，用七十二根白羊毛线（象征《亚斯纳》的七十二章）编织而成的腰带。按规定，琐罗亚斯德教信徒年满 15 岁（现改为 7 岁）时，必须系上这种腰带。

③ 这里和后面几节中的发问者，均为变形后的蒂什塔尔。

美的灵魂？

而今我在奉行正教礼仪的尘世，理应受到崇拜和赞美。

十六

斯皮塔曼·琐罗亚斯德呀！

威严的蒂什塔尔在[每月]中间十个夜晚现形，化作一头金犄角的牛，在星光中飞驰。

十七

在这里，在这个聚会上发表演讲的[是谁]？在这里提出问题的[又是谁]？而今什么人将以祖尔供品和掺奶的胡姆把我赞美？

我应该使何人拥有膘肥肉壮的牛[群]？应该恩赐[哪个人]以完美的灵魂？

而今我在奉行正教礼仪的尘世，理应受到崇拜和赞美。

十八

斯皮塔曼·琐罗亚斯德呀！

威严的蒂什塔尔在[每月]后十个夜晚现形，化作一匹金耳朵的白骏马，戴着镶金辔头，在星光中飞驰。

十九

在这里，在这个聚会上发表演讲的[是谁]？在这里提出问题的[又是谁]？而今什么人将以祖尔供品和掺奶的胡姆把我赞美？

我应该使何人拥有矫健有力的马[群]？[应该恩赐哪个人以

完美的灵魂？]

而今我在奉行正教礼仪的尘世，理应受到崇拜和赞美。

二十

斯皮塔曼·琐罗亚斯德呀！

威严的蒂什塔尔化作一匹金耳朵的白骏马，戴着镶金辔头，降落到法拉赫·卡尔特河。

二十一

但见旱魃阿普什[①]摇身变成一匹秃耳朵、秃颈、秃尾巴的黑秃马，一匹狰狞可怖的黑秃马，迎上前来。

二十二

斯皮塔曼·琐罗亚斯德呀！

威严的蒂什塔尔与旱魃阿普什展开搏斗，双方鏖战三天三夜。旱魃阿普什一时得手，击败了威严的蒂什塔尔。

二十三

于是，阿普什将蒂什塔尔从法拉赫·卡尔特河逐出千步之外。

蒂什塔尔痛心疾首地哭诉：

---

① Apūsh，《阿维斯塔》中称作阿普沙（Apaosha），旱魃，蒂什塔尔的死对头。此处把他比喻为一匹黑秃马十分贴切，形象地表现出伊朗高原夏季炽热、干旱少雨、草木稀疏、土地龟裂的情形。蒂什塔尔与阿普什之战，反映了伊朗人民渴望水源充足，水草茂盛，生活美满幸福的宿愿。

呵，阿胡拉·马兹达！我实在可悲！

江河、植物呀！该是多么不幸！

马兹达·亚斯纳教呀！必将蒙受耻辱和灾难！

如今人们在[自己的]祈祷中，不再呼唤和赞美我，而只呼唤和颂扬其他神祇。

二十四

假如人们在[自己的]祈祷中提到我的名字，对我加以称颂，如同呼唤和赞美其他神祇一般，那我就将获得十匹马、十只骆驼、十头牛、十座山和十条适于航行的大河之力。

二十五

阿胡拉·马兹达[如是说]：

我本人在祈祷时总是提到威严的蒂什塔尔，对它加以称颂。我将恩赐它以十匹马、十只骆驼、十头牛、十座山和十条适于航行的大河之力。

二十六

斯皮塔曼·琐罗亚斯德呀！

威严的蒂什塔尔化作一匹金耳朵的白骏马，戴着镶金辔头，降落到法拉赫·卡尔特河。

二十七

但见旱魃阿普什摇身变成一匹秃耳朵、秃颈、秃尾巴的黑秃马，一匹狰狞可怖的黑秃马，迎上前来。

二十八

斯皮塔曼·琐罗亚斯德呀！

威严的蒂什塔尔与旱魃阿普什展开搏斗，双方鏖战三天三夜。威严的蒂什塔尔终于获胜，击败了旱魃阿普什。

二十九

于是，蒂什塔尔将旱魃阿普什从法拉赫·卡尔特河逐出千步之外。

威严的蒂什塔尔兴高采烈地放声唱道：

呵，阿胡拉·马兹达！我太高兴啦！

江河、植物呀！该有多么荣幸！

马兹达·亚斯纳教呀！［必将］感到欣慰和喜悦！

大地呀！喜笑颜开吧！各地的江河之水畅通无阻，把大粒种子送往农田，把小粒种子送往牧场，一直流向世界的［四面八方］。[1]

三十

斯皮塔曼·琐罗亚斯德呀！

威严的蒂什塔尔化作一匹金耳朵的白骏马，戴着镶金辔头，降

---

① 据《拉申·亚什特》记载，在法拉赫·卡尔特河中央生长着一棵参天大树，名叫维斯普比什，树上有大鹏鸟筑的巢。地面上所有植物的种子从这棵树的树枝上纷纷落下，雨神蒂什塔尔令种子随波逐流，跟雨水一起流进农田。

落到法拉赫·卡尔特河。

三十一

但见他掀起碧波万顷，令河水汹涌澎湃，奔腾咆哮。

法拉赫·卡尔特河沿岸顿时涛声大作，急流逐浪滔天。

三十二

斯皮塔曼·琐罗亚斯德呀！

此后，威严的蒂什塔尔再次从法拉赫·卡尔特河升起，熠熠闪光的萨塔瓦耶斯也随之出现。

月亮从印度的那一边，从位于法拉赫·卡尔特河中央的大山后面探出头来。[1]

三十三

随着月亮的升起，空中呈现朵朵浮云，南来的风将浮云吹向令人喜悦、开拓世界的胡姆经过的地方。

于是，马兹达创造的疾风将云、雨和冰雹传送到七个国家的农田和村庄。

三十四

斯皮塔曼·琐罗亚斯德呀！

---

① 从这句诗来看，法拉赫·卡尔特应位于伊朗南部，似指波斯湾或阿曼湾，但根据《阿维斯塔》其他章节，它却应指马赞德朗海（即里海）。

阿帕姆·纳帕特[借助]疾风、蕴藏于水中的灵光和善者圣洁的灵体,使世界各地分享水的特殊恩惠。

(重复吟诵第三节)

第七章

三十五

我们赞美威严的蒂什塔尔。天色破晓之际,他从远处顺风驰向与乐善好施者约定的地方,那曾约定降雨的地方。此乃阿胡拉·马兹达的旨意,也是阿姆沙斯潘丹的意愿。

(重复吟诵第三节)

第八章

三十六

我们赞美威严的蒂什塔尔。岁暮年终之时,贤明的统治者、山林中自由活动的动物和出没于荒漠的野兽,无不翘首星空,期待它的出现。

这颗星的升起,或者给国家带来好年成,或者带来灾殃。

雅利安人的国家是否将享有丰收年景?

(重复吟诵第三节)

第 九 章

三十七

（重复吟诵第六节）

三十八

那时，造物主阿胡拉·马兹达赋予［阿雷什的飞箭］以神奇的［力量］，［阿姆沙斯潘丹］和领有辽阔原野的梅赫尔沿途为它开道。

伟大而善良的阿希和帕伦迪[①]驾驭轻车紧随那［飞箭］急驰，直至赫瓦纳万特山才降落地面。

（重复吟诵第三节）

第 十 章

三十九

我们赞美威严的蒂什塔尔。它与众女妖交手，大获全胜。在阿赫里曼的煽动下，众女妖妄图阻挠孕育着水胎的星辰［降雨赐福］。

① Pārendi，像阿希一样，也是财富之神。

四十

蒂什塔尔击败[众女妖]，将其远远地逐出法拉赫・卡尔特河。于是，风起云涌，雨水从天而降，预示着好年景。

倾盆大雨和遍布七个国家的波涛汹涌的江河水，皆蕴藏于浮云之中。

（重复吟诵第三节）

第十一章

四十一

我们赞美威严的蒂什塔尔。无论死水、活水，还是源泉、溪流，抑或雪和雨，[全都]对它情有独钟。

四十二

威严的蒂什塔尔何时向我们展露笑容？比马[背]还宽阔的清泉何时奔流不息？

淙淙泉水何时流向景色秀丽的农田、原野和居住地，以滋润植物的根茎，使之充满活力？

（重复吟诵第三节）

第十二章

四十三

我们赞美威严的蒂什塔尔。它以波涛汹涌的水流，涤荡被造物心中的恐惧和不安。

假如强有力的蒂什塔尔受到尊敬和称赞，并因深受欢迎而感到喜悦，那它就将给予回报，使世人免遭灾难。

（重复吟诵第三节）

第十三章

四十四

我们赞美威严的蒂什塔尔。阿胡拉·马兹达委派它统率[和保护]所有的星辰，正如瑣罗亚斯德受命充任世民百姓[的保护者和首领。]

阿赫里曼、众妖魔和巫师及其崇信者无法加害于这颗明星。

（重复吟诵第三节）

第十四章

四十五

我们赞美威严的蒂什塔尔。阿胡拉·马兹达赋予它上千[种]变化，不愧为孕育水胎的群星中的翘楚。他与其他星辰一起飞驰，闪耀着光华。

四十六

这颗星化作金耳朵的白骏马，戴着镶金辔头，在空中遨游，巡视所有的海湾、秀丽的江河和法拉赫·卡尔特——烟波浩淼，深不可测，景色迷人，充满活力[的大河]。

四十七

斯皮塔曼·琐罗亚斯德呀！

涤荡污秽、祛除病灾的河水，一旦从法拉赫·卡尔特河流出，强而有力的蒂什塔尔便将[河水]恩赐各个国家——[那里的居民]无不尊敬、称赞、欢迎和取悦于它。

（重复吟诵第三节）

第十五章

四十八

我们赞美威严的蒂什塔尔。斯潘德·迈纽的所有造物：生活在地下的，生活在地上的；生活在水中的，生活在陆地的；天上飞的，地下爬的；穴居野处的，高居上界的，乃至阿沙①的无穷无尽的造物，[全都]热切地期待着它的复出。

（重复吟诵第三节）

第十六章

四十九

我们赞美威严的蒂什塔尔——那强大的庇护者和万能的统治者，拥有取之不尽、用之不竭的财富。

蒂什塔尔对取悦于它的人，将无偿地恩赐巨大的财富。

五十

斯皮塔曼·琐罗亚斯德呀！

我，阿胡拉·马兹达，创造了蒂什塔尔，它同我一样，值得颂

---

① Asha，即奥尔迪贝赫什特。

扬,值得祈祷,值得敬仰,值得取悦,值得礼拜和赞美。

五十一

为了与旱魃——那被蛊惑人心的歹徒称誉为好年成的恩赐者——相对抗,进而击败它,战胜它,使其自食恶果……

五十二

斯皮塔曼·琐罗亚斯德呀!

我特意创造了蒂什塔尔,它同我一样,值得颂扬,值得祈祷,值得敬仰,值得取悦,值得礼拜和赞美。

五十三

(重复吟诵第五十一节)

五十四

[否则,]旱魃就会不分昼夜,东跑西窜,四处活动,使尘世的生命力蒙受沉重打击。①

① 对于干旱缺水的恐惧和不安,自古以来一直像阴影笼罩在伊朗人的心头,这正是吟诵诸如《蒂尔·亚什特》一类优美颂诗的原因。有关的记述在古籍碑文中屡见不鲜,如阿契美尼德王朝的国君大流士就曾在帕萨尔伽德的碑志中写道:"愿阿胡拉·马兹达和众神祇佑助我。愿阿胡拉·马兹达庇护这个国家免遭敌军、旱灾和谎言之害。千万别让敌军、旱灾和谎言在这块国土上肆虐逞凶。愿阿胡拉·马兹达和众神祇使我如愿以偿。"

五十五

是的，威严的蒂什塔尔给那旱魃套上枷锁，用两根、三根，好几根绳索将它捆牢，就像上千个彪形大汉捆绑一个罪犯。

五十六

斯皮塔曼·琐罗亚斯德呀！

假如在雅利安人的国家，郑重其事地向威严的蒂什塔尔馨香祷祝，致祭行礼，以最隆重的正教仪式赞美它，

那么，敌军就休想踏上这片国土，敌人的战车和高扬的旌旗就不会在这片国土出现，洪水和瘟疫也不会在这片国土流行泛滥。

五十七

琐罗亚斯德向阿胡拉·马兹达问道：

呵，阿胡拉·马兹达！

应该怎样以最隆重的正教礼仪向威严的蒂什塔尔馨香祷祝，致祭行礼？

五十八

阿胡拉·马兹达回答说：

雅利安人的国家应该向威严的蒂什塔尔奉献祖尔供品，铺好巴尔萨姆枝条，烤制一只纯白或纯黑的绵羊。

五十九

强盗、淫妇、不吟诵《伽萨》颂诗的歹徒和生活的破坏者以及琐罗亚斯德和阿胡拉教的敌人，绝不可分享那[供品]。

六十

假如强盗、淫妇、不吟诵《伽萨》颂诗的歹徒和生活的破坏者以及琐罗亚斯德和阿胡拉教的敌人分享了部分[供品]，威严的蒂什塔尔[就将从人们那里]收回[自己的]全部赐福。

六十一

那时，洪水就将立即淹没雅利安人的国土，敌军将大举入侵，横行无忌，屠杀百姓，数以十计、百计、千计、万计、数十万计。

（重复吟诵第三节）

六十二

伟大的琐罗亚斯德因真诚而被选中，那上界的首领[在自己行为的宝库]捍卫人们的善行，复活日之际将其奉献给马兹达。马兹达的天国属于贫穷百姓的庇护者。

向马兹达创造的、兴云致雨的威严的蒂什塔尔[和]强有力的萨塔瓦耶斯致礼！

真诚乃是幸福的最佳食粮[和源泉]。幸福属于[品行端正和]渴求至诚之人。

第十篇　梅赫尔·亚什特

第　一　章

一

阿胡拉·马兹达对斯皮塔曼·琐罗亚斯德说：

斯皮塔曼呀！

开天辟地之时，我创造了领有辽阔原野的梅赫尔[①]，他同我，阿胡拉·马兹达一样，是值得赞美和崇拜的。

二

斯皮塔曼呀！

为非作歹的毁约者[②]破坏了整个国家。[这种人]就像成百

---

① Mehr，《阿维斯塔》中称作"密斯拉"(Mithra)，光明与誓约之神。梅赫尔的名字前面常冠以"领有辽阔原野的"固定修饰语，意思是说，世上所有的原野尽在梅赫尔的视野范围之内，是他纵横驰骋的广阔天地。

② 《阿维斯塔》中词义为"对梅赫尔说谎者"。因为梅赫尔是誓约之神，故波斯语译为"毁约者"。

[个]犯了卡亚扎[①][罪]的人一样,[专事]杀害虔诚的信徒。

斯皮塔曼呀!

切不可毁约。无论与伪信者[立约],抑或与正教徒[立约],都不能毁。因为不管对方是伪信者,还是正教徒,反正都是誓约。

三

领有辽阔原野的梅赫尔,恩赐对他不说谎的人(守约者)以骏马。马兹达·阿胡拉的阿扎尔[②],为对梅赫尔不说谎的人(守约者)指明正途。

正教徒纯洁、善良而强大的灵体,恩赐对梅赫尔不说谎的人(守约者)以勤奋的子嗣。

四

我们以祖尔[供品]和高[声]的祈祷赞美领有辽阔原野的梅赫尔之光芒和灵光。

我们赞美领有辽阔原野的梅赫尔,他恩赐雅利安人的国家以安详、和睦的美好家庭。

愿[梅赫尔]前来救助我们。愿他前来成全我们。愿他前来庇佑我们。愿他前来安抚我们。愿他前来为我们排忧解难。愿他为我们带来胜利。愿他为我们带来幸福。愿他为我们带来公正。

---

① Kayadha,罪名。具体什么罪行,已无从可考;但显然是一种不可饶恕的大罪。

② Ādhar,帕拉维语称作“阿塔尔”(Ātar),圣火之神。把他与马兹达·阿胡拉联系在一起,意在强调圣火极其重要,故将其视为阿胡拉·马兹达之子(纯属一种比喻),正如把塞潘达尔马兹看作神主之女一样。

五

领有辽阔原野的梅赫尔强大无比，无往而不胜，从不上当受骗，在整个尘世最值得赞美和崇拜。

六

我们以祖尔[供品]赞美那强有力的神明，[那]强大无比的造物，[那]梅赫尔。我们以掺奶的胡姆和巴尔萨姆枝，以明智的语言，以[善]思、[善]言和[善]行，以祖尔供品和洪亮悦耳的声调，赞美那领有辽阔原野的梅赫尔。

马兹达·阿胡拉知道那些馨香祷祝的虔诚男女——奥尔迪贝赫什特恩赐他们以最高奖赏。

我们称赞此等的善男信女。

第　二　章

七

我们赞美梅赫尔。[他]领有辽阔的原野；[他]熟谙真诚的语言；他善于辞令，有千只耳朵[1]；他体态优美，有千只眼睛[2]；他身材魁梧，[立]于高塔的上空；他强大有力，[时刻]保持警惕，从来不打

① 此处的“耳朵”喻指梅赫尔的助神，随时随地听从他的调遣。

② 此处的“眼睛”喻指梅赫尔的助神，随时随地听从他的调遣。

瞌睡。

八

当向凶残的敌人发起进攻，杀到敌军阵前时，交战的两国首领都向他致祭行礼，祈求佑助。

九

领有辽阔原野的梅赫尔与所向披靡的巴德[①]和达莫伊什·乌帕马纳[②]一起，赶去[援助]曾以喜悦的心情，善良的品德和虔诚的信念致祭行礼的军队。

（重复吟诵第四、五、六节）

第　三　章

十

（重复吟诵第七节）

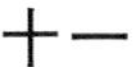

十一

骑在马背上的勇士们为他举行祭礼，祈求自己身强体壮，祈求坐骑矫健有力，以便及时发现远处的来敌，加以阻击，进而战胜邪

① Bād，即风神。

② Dāmoish-Upamana，梅赫尔的助神之一。

恶的仇敌。

（重复吟诵第四、五、六节）

第四章

十二

（重复吟诵第七节）

十三

在永恒的、快似骏马的太阳[升起]之前，出现在哈拉山[①]顶的第一位天神[正是他]。他身披万道霞光，最先从壮丽的[哈拉山]顶探出头来，从那里俯视所有雅利安人的家园。

十四

那里[②]威武的君王动员起[精兵强将]；那里有无数的高山峻岭和良好的牧场；那里有水面辽阔和深不可测的江河；那里适于航行的江河波浪翻滚，撞击悬崖峭壁，向马鲁（位于赫拉特）、栗特和花剌子模方向奔腾而去[③]。

---

① 即今厄尔布尔士山。

② 本节和此后提到的地方，全在梅赫尔神的视野之内。

③ 此处暗指赫里河、扎拉弗尚河和阿姆河。

十五

强大的梅赫尔注视着阿雷扎希[①]、萨瓦希[②]、法拉达·扎弗舒[③]、维达·扎弗舒[④]、武鲁·巴雷什蒂[⑤]和武鲁·贾雷什蒂[⑥][等国家]，以及光辉灿烂的赫瓦尼拉萨[⑦]国——那里是牲畜的安全庇护地，大小牲畜全都无忧无虑。

十六

那恩赐灵光和统治的天神到各个国家巡视。凡以祖尔[供品]赞美他的人和遵从正教礼仪的虔诚信徒，他都赐以成功，使之万事如意。

（重复吟诵第四、五、六节）

第 五 章

十七

（重复吟诵第七节）

① Arezahī，据古代波斯人划分的地理疆域，是地面上七个国家之一，位于西方。

② Savahī，地面上七个国家之一，位于东方。

③ Farada-Dhafshu，地面上七个国家之一，位于东南方。

④ Vīda-Dhafshu，地面上七个国家之一，位于西南方。

⑤ Vouru-Bareshtī，地面上七个国家之一，位于西北方。

⑥ Vouru-Jareshtī，地面上七个国家之一，位于东北方。

⑦ Khvanīratha，地面上七个国家之一，位于中央，是伊朗人的居住地。

任何人都欺骗不了他，无论家长和村长，抑或城市长官和边塞守将。

十八

假如家长、村长、城市长官和边塞守将对梅赫尔说谎，恼羞成怒的梅赫尔就将摧毁那个家庭、村社、城市和国家，消灭那个家庭、村社、城市和国家的首领和统治者。

十九

恼羞成怒的梅赫尔注视着毁约者所在的地方，他容不得阴险狡诈的心怀叵测者。

二十

毁约者的坐骑负重在身，难以承受，动弹不得；即使想要走动，[也是]举步维艰，踉踉跄跄。

由于信口雌黄、满嘴胡言——梅赫尔的敌人之惯技，他掷出的标枪将自动折回。

二十一

由于信口雌黄、满嘴胡言——梅赫尔的敌人之惯技，即使他用力掷出的标枪击中[对手]，也无济于事，不能伤其皮毛。

由于信口雌黄、满嘴胡言——梅赫尔的敌人之惯技，疾风将使他掷出的标枪中途折回。

（重复吟诵第四、五、六节）

第 六 章

二十二

（重复吟诵第七节）

［假如］对梅赫尔不说谎，他将有求必应，顺利摆脱困境。

二十三

呵，梅赫尔！我们对你没有撒谎，请让我们诸事顺遂！你的威力将使毁约者胆战心惊；一旦你恼羞成怒，能使毁约者四肢瘫软、手足乏力、丧失听觉和视力。

二十四

无论投枪，还是翎箭，都不能伤及诚心诚意帮助梅赫尔之人。［梅赫尔］拥有万名侦探、他无所不知，无所不晓，［从来］不会上当受骗。

（重复吟诵第四、五、六节）

第 七 章

二十五

（重复吟诵第七节）

[我们赞美梅赫尔，]那强大的、赐惠的、目光深邃而能言善辩的首领，是值得赞美的。他身居高位，其形体[完整地]体现出神启。他骁勇善战，有强健的手臂。

二十六

[他]能降伏妖魔，对犯罪者怒不可遏，对毁约者深恶痛绝，令众女妖无所施其计。

[假如]对他不说谎，他将使国家富足强大；[假如]对他不说谎，他将恩赐国家以辉煌的胜利。

二十七

他能阻止敌国[的阴谋得逞]，从那里收回灵光，令其与胜利无缘。

他从没有设防的敌后发起进攻，给敌军以重创。

强大的[梅赫尔]拥有万名侦探，他无所不知，无所不能，[从]不上当受骗。

（重复吟诵第四、五、六节）

第　八　章

二十八

（重复吟诵第七节）

他守护着巍峨宫殿的高大立柱，使之经久耐用，坚固异常。他使取悦于他的家庭人畜两旺，使他厌恶的家庭归于灭亡。

二十九

呵，梅赫尔！

你对国家和百姓来说，[既]友善[又]凶残。

呵，梅赫尔！

世间的和睦和厮杀，皆由你发端！

三十

呵，梅赫尔！

由于你的赐福，宽敞的房屋里才会有贤惠的妇女，宽大的靠垫，平展的床铺和华丽的彩舆。

由于你的赐福，巍峨的宫殿才会有贤惠的妇女，宽大的靠垫，平展的床铺和华丽的彩舆。

正教徒的家庭都在祈祷中呼唤你的圣名，奉献祖尔供品，适时地把你称颂。

三十一

[呵，梅赫尔！]我以呼唤你圣名的祈祷，以祖尔供品和适时的祷祝赞美你。

[呵，强大的梅赫尔！]我以呼唤你圣名的祈祷、以祖尔供品和适时的祷祝赞美你。

呵，从不上当受骗的梅赫尔！我以呼唤你圣名的祈祷、以祖尔供品和适时的祷祝赞美你。

三十二

呵，梅赫尔！

请听我们的祷祝！

呵，梅赫尔！

请接受我们的称颂！

呵，梅赫尔！

请满足我们的祈求，使我们心想事成！

[呵，梅赫尔！]

请看我们奉献的祖尔供品，请莅临这样的祭礼！

[呵，梅赫尔！]

请将我们的祷告纳入你怜悯的宝库，请莅临致祭行礼的家庭！

三十三

根据[我们与你缔结的]誓约，请让我们如愿以偿！

我们祈求于你的是：

富足、强大、胜利、欢乐、正义、荣誉、灵魂安详、识别能力、天国的知识、阿胡拉创造的机智和出于至诚而获得的绝对优势以及对天启的理解。

三十四

以便我们能英勇豪迈而心情愉快地战胜一切对手。以便我们能英勇豪迈而心情愉快地战胜一切歹徒。以便我们能英勇豪迈而心情愉快地击败一切仇敌，[无论]妖魔，[还是]恶民；[无论]巫师、女妖，[还是]专横跋扈的卡维和卡拉潘。

（重复吟诵第四、五、六节）

第九章

三十五

（重复吟诵第七节）

[他]说到做到；[他]指挥千军万马；[他]有上千[种]变化；[他是]强大[而]贤明的统治者。

三十六

他点燃战[火]，赋予将士以威力；他顽强奋战，击溃敌人的营垒，杀得敌军丢盔卸甲，令嗜血的敌人失魂落魄、不寒而栗。

三十七

他使敌人闻风丧胆、抱头鼠窜；[他]令谎言者人头落地、命赴黄泉。

对梅赫尔说谎者的性命难保，其头颅将[与躯体]分离。

三十八

让阴森可怖的房屋土崩瓦解，人烟绝迹！因为那是毁约者、伪信者和杀害正教徒的刽子手居住的房屋，确实令人毛骨悚然。

[牧场上自由活动的]牛群，在毁约者家中受尽折磨，被套上大

车，发出痛苦的哞叫。

三十九

假如领有辽阔原野的梅赫尔已恼羞成怒，而人们仍不尽力博得他的欢心，那么[对梅赫尔说谎者和毁约者]的利箭，即使装饰着鸢羽，用强弓怒射，飞速再快，也[绝]不会中的。

假如领有辽阔原野的梅赫尔已恼羞成怒，而人们仍不尽力博得他的欢心，那么[对梅赫尔说谎者和毁约者]的锋利的长矛，即使倾全力掷出，也[绝]不会中的。

假如领有辽阔原野的梅赫尔已恼羞成怒，而人们仍不尽力博得他的欢心，那么[对梅赫尔说谎者和毁约者]的尖石，即使倾全力掷出，也[绝]不会中的。

四十

假如领有辽阔原野的梅赫尔已恼羞成怒，而人们仍不尽力博得他的欢心，那么[对梅赫尔说谎者和毁约者]的锐利的短剑，即使抛向对手的头颅，也[绝]不会中的。

假如领有辽阔原野的梅赫尔已恼羞成怒，而人们仍不尽力博得他的欢心，那么[对梅赫尔说谎者和毁约者]的精良铁杵，即使抛向对手的头颅，也[绝]不会中的。

四十一

假如领有辽阔原野的梅赫尔已恼羞成怒，而人们仍不尽力博得他的欢心，那么梅赫尔将从正面出击，[使谎言者和毁约者]胆战心惊;拉申[①]将从背面出击,[使他们]恐惧万分;纯洁的索鲁什与其他的护卫神一起,将从四面出击,摧毁他们的阵营,使之跌落死亡的谷底。

四十二

于是,[谎言者和毁约者]向领有辽阔原野的梅赫尔哭诉道:

呵,梅赫尔!呵,辽阔原野的领有者!

他们[②]掠走我们的骏马良骥!他们用利剑斩断我们有力的胳臂!

四十三

领有辽阔原野的梅赫尔不由分说,将他们打翻在地,斩尽杀绝,数以十计、百计、千计、万计、数十万计。

因为领有辽阔原野的梅赫尔愤怒已极。

(重复吟诵第四、五、六节)

第　十　章

四十四

(重复吟诵第七节)

---

① Rashn,梅赫尔的助神之一。

② 指拉申和索鲁什等梅赫尔的助神。

他的住宅建筑在辽阔无垠的大地[之上]。[那宅邸]宽敞、舒适，一切应有尽有。[那宅邸]光辉灿烂，[为避难者]提供各种各样的庇护。

四十五

[梅赫尔]的八位助神在高山之巅、塔楼的上空瞭望，注视着毁约者的举动。

[他们]目不转睛地盯着那些首次对梅赫尔说谎的人。

[他们]守护着向毁约者、伪信者和杀害虔诚教徒的刽子手发动进攻的人的道路。

四十六

领有辽阔原野的梅赫尔时刻保持警惕，从正面和背面留心观察，就像明察秋毫的哨兵，关注四周的动静。

拥有万名侦探、从不上当受骗的，明智而强大的梅赫尔，就这样，时刻准备着为以纯洁的思想帮助他的人提供庇护和救助。

（重复吟诵第四、五、六节）

第十一章

四十七

（重复吟诵第七节）

那声名显赫的神明[若是]恼羞成怒，就会[催马]扬鞭，冲向两军交战的阵前，严惩嗜血成性的敌军，捣毁杀声连天的敌阵。

四十八

假如梅赫尔催马扬鞭，冲向两军交战的阵前，向嗜血成性的敌军发起进攻，那他就将毁约者的双臂倒捆在背后，将他们的眼珠［从眼窝里］挖出，使他们的耳朵失聪、腿脚失灵，［直至］缴械投降，全军覆没。

倘若这些国家和军队背叛领有辽阔原野的梅赫尔，［其下场只能如此。］

（重复吟诵第四、五、六节）

第 十 二 章

四十九

（重复吟诵第七节）

五十

造物主阿胡拉·马兹达在光辉灿烂的高山之巅，用无数的金钱为他营造了休憩地，那里既没有夜晚和黑暗，也没有寒风和热风；既没有致命的疾病，也没有妖魔带来的污秽。

明月不会从哈赖蒂①山上空升起。

五十一

阿姆沙斯潘丹与太阳一起，以欣喜的心灵和纯洁的思想营造了那休憩地，以便梅赫尔能从哈赖蒂山顶鸟瞰整个尘世。

五十二

一旦发现邪恶的骗子手，领有辽阔原野的梅赫尔便迅速登上[自己的]战车，驱马急驰；纯洁而强大的索鲁什和[灵敏]快捷的内里尤桑格②[陪同他前行。]

[梅赫尔]将在刀光剑影的厮杀中，或经过一场肉搏战，将那[骗子手打翻在地，]结果他的性命。

（重复吟诵第四、五、六节）

第十三章

五十三

（重复吟诵第七节）

---

① Haraitī，亦称“哈拉”或“哈尔布尔兹”，一般认为是指厄尔布尔士山；但《阿维斯塔》个别地方提到这座山时，其地理位置不详。

② Nēryōsang，是阿胡拉·马兹达的报信天使，如同伊斯兰教信仰的传达天启的天使哲布勒伊来一样。此处他为梅赫尔的助神。波斯语中“纳尔西”一词就由此神名演变而来。

他高擎双手，以纯洁的思想，向阿胡拉·马兹达诉说道：

五十四

呵，仁慈善良的[造物主]！

我支持所有的造物，我庇护所有的造物。

呵，仁慈善良的[造物主]！

人们在[自己的]祈祷中不呼唤我的名字，也不赞颂我，而只呼唤和赞美其他的神祇。

五十五

假如人们在[自己的]祈祷中呼唤我的名字，对我加以赞颂，如同呼唤和赞美其他神祇那样，我就将以自己永恒而光辉的生命，按事先约定的时间赶到，出现在纯洁的人们面前。

五十六

（重复吟诵第三十一节）

五十七

（重复吟诵第三十二节）

五十八

（重复吟诵第三十三节）

五十九

（重复吟诵第三十四节和第四、五、六节）

第十四章

六十

（重复吟诵第七节）

美好的名声和美好的颂扬，[他受之无愧。]

他恩赐[人们以]梦寐以求的幸福……[①]

[那]强大的[梅赫尔]拥有万名侦探，他无所不知，无所不晓，从不会上当受骗。

（重复吟诵第四、五、六节）

第十五章

六十一

（重复吟诵第七节）

他总是巍然屹立。他是机警的卫士和能言善辩的勇士。他能让河水流量增加。他倾听[人们]的泣诉，使天降甘霖，令植物茁壮

① 此处几个词模糊不清，句子意思难定，故略。

成长。

［他］为［每个］国家带来正义（法律）。他精明强干，智慧无比，从不会上当受骗。［他］是造物主［出类拔萃］的造物。

六十二

他从不恩赐毁约者以财富和力量。他从不恩赐毁约者以尊贵和［嘉］奖。

六十三

［呵，梅赫尔！］

你能使毁约者胆战心惊。当你恼羞成怒时，能使毁约者四肢瘫软，手足乏力，丧失听觉和视力。

无论投枪，还是翎箭，都不能伤及诚心诚意帮助梅赫尔之人。强大的［梅赫尔］拥有万名侦探，他无所不知，无所不晓，［从］不会上当受骗。

（重复吟诵第四、五、六节）

第十六章

六十四

（重复吟诵第七节）

为传播正教，他四海为家，足迹遍布各地。他光芒四射，照耀着地面上的七个国家。

六十五

[他]在能工巧匠中手艺最高，在守约者中最讲信用，在勇士当中最为英勇，在能言善辩者中最善辞令，在乐善好施者中最慷慨大方。

他恩赐牲畜，恩赐统治，恩赐子嗣，恩赐生活，恩赐幸福，恩赐真诚。

六十六

善良的阿尔特，驾驭轻车的帕伦德，男子汉和凯扬灵光的力量，永恒的天空的力量，达莫伊什·乌帕马纳的力量，正教徒灵体的力量以及把虔诚的马兹达信徒团结在自己周围的那个人[①]的[灵体的力量]等，全都在支持和援助他。

（重复吟诵第四、五、六节）

第十七章

六十七

（重复吟诵第七节）

他乘坐天国的巨轮彩舆，从阿雷扎希国驶向赫瓦尼拉萨国。他享有时间的力量、马兹达创造的灵光和阿胡拉带来的胜利。

---

① 似指琐罗亚斯德。

六十八

崇高而善良的阿尔特驾驭着[梅赫尔的]彩舆。马兹达教为[梅赫尔]开辟道路,以使那智慧、纯洁、灿烂的天国之光畅通[无阻]。

[梅赫尔的]坐骑在辽阔无垠的天空飞驰。达莫伊什·乌帕马纳总是为[梅赫尔]扫清通道。所有暗藏的妖魔和瓦雷纳的伪信者,见到他都胆战心惊,不寒而栗。

六十九

千万不可冒犯发怒的[梅赫尔]。[梅赫尔]能与对手进行上千次的战斗。[梅赫尔]拥有万名侦探。[那]强大的[梅赫尔]无所不知,无所不晓,从不会上当受骗。

(重复吟诵第四、五、六节)

第十八章

七十

(重复吟诵第七节)

阿胡拉创造的巴赫拉姆[1],像一头进行自卫的利齿野猪,在他前面开路。那是一头有锋利尖爪的雄性[野猪],一头迅猛出击、立

[1] 详见《巴赫拉姆·亚什特》。

刻置敌于死命的野猪，一头令人望而却步、不敢靠近的暴烈[野猪]、一头满脸斑点、长着铁腿、铁蹄、铁爪、铁尾巴、铁下巴的凶悍的[野猪]。

七十一

他发动冲击，凶猛异常，锐不可当。把[对手]打翻在地，他仍不肯罢休，还要再次出击，毫不迟疑地置敌于死命，并将其头颅和脊柱碾碎——那头颅乃是生命力的源泉。

七十二

但只见[毁约者的躯体]被击得粉碎，敌人横尸遍野，满地尽是碎骨、头发、脑浆和鲜血。

（重复吟诵第四、五、六节）

第 十 九 章

七十三

（重复吟诵第七节）

他举起双手，以纯洁的思想和喜悦的心灵，高声叹道：

呵，阿胡拉·马兹达！呵，斯潘德·迈纽！呵，尘世的创造者！呵，至纯者！

七十四

（重复吟诵第五十五节）

七十五

我们祈求成为你的国家的支持者。我们不愿与家庭、村社、城市和国家相分离。但求臂力过人的[梅赫尔]保佑我们免遭敌人的伤害，[切莫]让我们的愿望落空。

七十六

你能轻而易举地消灭邪恶的仇敌和居心不良[者]。你将严惩杀害行善[者]的刽子手。你是求助者强大的庇护神。你拥有骏马良骥和华丽的彩舆。

七十七

呵，梅赫尔！

我们祈求你的庇佑。愿你前来救助我们，以便我们[向你奉献]精美而丰盛的祖尔供品。[愿你快来救助我们，]以便我们作为你的被保护人，享有你的恩泽，在愉快、安详的家庭中，过上无忧无虑的生活。

七十八

你将保护经常歌颂领有辽阔原野的梅赫尔的国家，你将消灭属于仇敌的国家。

此时此地我祈求你的庇佑。呵，值得赞美，值得称颂，强大而无所不胜的梅赫尔！呵，[这片]国土上威严的首领！愿你快来救助我们。

（重复吟诵第四、五、六节）

第二十章

七十九

（重复吟诵第七节）

他从拉申那里得到住房。拉申向他提供住宅，以便与之长期相处，倾心交谈。

八十

[呵，梅赫尔！]你是家庭的庇护神。你保护从不说谎的老实人。你保护家族，支持待人以诚者。受惠于你这样的首领，我才有幸获得最美好的友情和阿胡拉创造的胜利。

面对[阿胡拉]的裁决，毁约者行将无地自容。

（重复吟诵第四、五、六节）

第二十一章

八十一

（重复吟诵第七节和第七十九节）

八十二

阿胡拉·马兹达恩赐他以千[种]变化，恩赐他以万只眼睛。凭借这些变化和眼睛，他发现任何食言者和毁约者。凭借这些变化和眼睛，梅赫尔从不会上当受骗。他拥有万名侦探；他无所不能，无所不晓，从不会上当受骗。

（重复吟诵第四、五、六节）

第二十二章

八十三

（重复吟诵第七节）

一国之君出于真诚，举起双手，向他祈求庇佑。城市长官出于真诚，举起双手，向他祈求庇佑。

八十四

村长出于真诚，举起双手，向他祈求庇佑。家长出于真诚，举起双手，向他祈求庇佑。

每当两个人相约进行互助时，他们出于真诚，举起双手，向他祈求佑助。每当有限的权利遭到践踏时，正教徒出于真诚，举起双手，向[梅赫尔]祈求佑助。

八十五

向他申怨诉苦的人，若是放声祈祷，其声音将直上云霄，响彻星空，在大地四周回荡，传遍[地面上]的七个国家。

同样地……[①]

八十六

被人掠走的牛[②]，满怀返回牛群的希望，向他祈求佑助：

呵，英勇无畏的梅赫尔，领有辽阔原野的神明！何时赶来搭救我们——失群的牛？[梅赫尔]何时[将]从伪信者的家中，把我们[解放出来]，使我们重新返回正途？

八十七

领有辽阔原野的梅赫尔佑助取悦于他的人；而对令他讨厌的人，则将其家庭、村社、城市、国家和统治彻底摧毁。

（重复吟诵第四、五、六节）

---

① 接下面一节。

② 喻指所有的牲畜。

第二十三章

八十八

（重复吟诵第七节）

使人强健有力、延年益寿的胡姆，[那]在哈赖蒂山最高峰胡卡尔山巅的黄眼睛的美丽统治者，向梅赫尔奉献巴尔萨姆枝、祖尔供品和纯洁的语言。

八十九

圣洁的阿胡拉·马兹达使他[①]变形为祖特[②]，令其高声地吟诵《亚斯纳》，主持[祈祷仪式]。

他像祖特一样，熟练地主持[祭礼]，高声地吟诵《亚斯纳》，[赞美]阿胡拉·马兹达和阿姆沙斯潘丹。他的祈祷声直上云霄，响彻星空，在大地的四周回荡，传遍[地面上]的七个国家。

九十

他像首席祭司哈瓦南[③]一样，在哈赖蒂山顶奉献天国精美而吉祥的胡姆[汁]。对那美妙的混合物，阿胡拉·马兹达啧啧称赞，阿姆沙斯潘丹[也]赞不绝口，拥有骏马的太阳[也]从远处发出同

① 指胡姆。

② Zōt，在拜火祠堂主持祈祷仪式的祭司之一。

③ Hāvanān，负责制造胡姆汁的最高祭司。

样的赞扬。

九十一

[向你]致敬！[呵，]领有辽阔原野的梅赫尔！[呵，]拥有千只耳朵，万只眼睛的[梅赫尔]！你完全值得在人们的家里受到礼赞，受到颂扬。

那虔诚地向你致祭行礼的人，多么令人羡慕呀！他手里拿着干柴，拿着巴尔萨姆枝，拿着牛奶，拿着哈万①。他用洗净的手，拿着洗净的哈万，将巴尔萨姆枝铺在准备好的胡姆旁边，开始吟咏“阿胡纳·瓦伊里耶……”颂歌。②

九十二

圣洁的阿胡拉·马兹达，巴赫曼，奥尔迪贝赫什特，沙赫里瓦尔，塞潘达尔马兹，霍尔达德和阿莫尔达德十分关注这种祭礼，无不[对之]心悦诚服。

善良的阿胡拉·马兹达根据宗教法规，委任梅赫尔为黎民百姓的天国首领，以使所有的造物公认他为躯体和生命的主宰，最佳造物的完美象征。

九十三

呵，领有辽阔原野的梅赫尔！但愿你在两种生活——尘世的

① Hāvan，拜火祠堂里使用的研钵。人们将胡姆草置入钵内捣碎，榨取其汁液，以供祈祷时饮用。

② 即“亚塔·阿胡·瓦伊里尤……”祈祷。

生活和天国的生活中，庇佑我们，使我们免遭伪信者和凶暴的[恶魔]赫什姆的伤害，免遭高擎血红旌旗的伪信者的军队以及奸诈的赫什姆和魔鬼制造的维扎图[①]发动的攻击。

九十四

呵，领有辽阔原野的梅赫尔！但愿你恩赐我们的坐骑以力量，恩赐我们的身体以健康，以便我们及时发现远处的来敌，做好[自]卫和迎战的准备，迅速击溃邪恶的仇敌。

（重复吟诵第四、五、六节）

第二十四章

九十五

（重复吟诵第七节）

太阳刚刚落山，他出现在广阔的地平线，触摸一望无际的地球的两边，注视着天和地的空间。

九十六

他手执百节百刃的狼牙棒，[杀向来敌，置其于]死地。[那狼牙棒]用黄色金属铸造，用坚硬的金子做成，是克敌制胜的最坚韧

① Vīdhātu，死亡魔鬼，是凶魔赫什姆（阿维斯塔语为 Aeshma。——译者注）的同伙。

的武器。

九十七

罪恶昭彰的阿赫里曼在他面前不寒而栗，阴险狡诈的[凶魔]赫什姆在他面前毛骨悚然，长手臂的布沙斯普[①]在他面前万分恐惧，一切暗藏的妖魔鬼怪和瓦雷纳的伪信者在他面前，无不心惊胆战。

九十八

千万不可与领有辽阔原野的发怒的梅赫尔作对。

呵，领有辽阔原野的梅赫尔！千万别[恼羞]成怒，加害于我们。[你]是世间众神祇中最强大、最机敏、最快捷、最有威力的神明。[呵，]领有辽阔原野的梅赫尔！

（重复吟诵第四、五、六节）

第二十五章

九十九

（重复吟诵第七节）

一切暗藏的妖魔鬼怪和瓦雷纳的伪信者在他面前，无不心惊胆战。那位国君，那领有辽阔原野的梅赫尔，从一望无际的地球的

① Būshāsp，阿赫里曼制造的贪睡妖魔。

右边，乘车飞驰而来。

一〇〇

纯洁而善良的索鲁什坐在他的右边，高大魁梧而体面的拉申坐在他的左边。江河、植物的[庇护神]和善者的众灵体在四周簇拥着[他]，驱马前行。

一〇一

威风凛凛的梅赫尔赐给他的伴神一束饰有鸢羽的利箭。

当[梅赫尔]乘车来到毁约者的国度，先将狼牙棒掷[向]马匹和人群，使之胆战心惊，恐惶不已，随后置其于死地。

（重复吟诵第四、五、六节）

第二十六章

一〇二

（重复吟诵第七节）

他骑[着]雪白的骏马，手执锋利的长矛和强弓翎箭，俨然是一位骁勇善战的英雄。

一〇三

阿胡拉指令他庇护世民百姓，使之生活幸福。他确是众民幸福的捍卫者。他精神抖擞地保护着马兹达的造物，从不入眠；他巍然屹立，高度警惕地保护着马兹达的造物，从来不知困倦。

（重复吟诵第四、五、六节）

第二十七章

一〇四

（重复吟诵第七节）

他的手臂极长，毁约者无论在印度以东，还是在[世界]的西方；无论在阿兰格[①][河]口，抑或在大地的中央，都难逃他的巨掌，最终落得[命归黄泉]的下场。

一〇五

背弃正途的小人，那冥顽不灵的歹徒暗自窃喜道：

“梅赫尔有眼无珠，发现不了我的谎言和丑行！”

殊不知，梅赫尔的手臂[极长]，定将其抓获，[予以严惩。]

一〇六

我暗自思忖，得出这样的结论：

世上任何人的邪恶思想，都抵不过天神梅赫尔的善思。

[世上任何人的]邪恶语言，都抵不过天神梅赫尔的善言。

---

① Arang，亦即兰伽哈。

[世上]任何人的邪恶行为，都抵不过天神梅赫尔的善行。[①]

一〇七

世上没有人像天神梅赫尔那样享有神赐的智慧。

世上没有人像天神梅赫尔那样耳聪目明，万事精通。

无论谁在说谎，[梅赫尔]都能发现，予以严惩。强大的梅赫尔向前走着，诱人的明眸放射出深邃的目光，真的是[眼观六路，耳听八方。]

一〇八

“什么人将把我颂扬？

什么人正在说谎？

什么人在[虔诚地呼唤]我，赞美我？

什么人在恶毒地诅咒我？

应该赐予何人以荣华、尊贵和健康？——我完全能够这样做。

应该赐予何人以财富、安乐和舒适？——我完全能够这样做。

应该为何人培养出类拔萃的子嗣？”

一〇九

“应该出其意料地恩赐何人以拥有精良武器和千军万马的强大国君的统治？一个能击败[对手]的强大国君，一个攻无不克、战

① 意即世民的恶思、恶言和恶行不能与梅赫尔的善思、善言和善行相提并论，同日而语。

无不胜的英勇国君——当他[恼羞]成怒，下达命令时，必须立即加以执行。这样做，才能使梅赫尔疲惫、不悦的圣灵感到欣慰。”

一一○

“应该让什么人染病身亡？
应该让什么人陷入贫困和遭受折磨？——我完全能够这样做。
应该让什么人的骄横子孙一下子病入膏肓？”

一一一

“应该出其意料地从什么人那里收回拥有精良武器和千军万马的强大国君的统治？一个能击败[对手]的强大国君，一个攻无不克、战无不胜的英勇[国君]——当他[恼羞]成怒，下达命令时，必须立即加以执行。这样做，才能使梅赫尔疲惫、不悦的圣灵感到欣慰。”①

（重复吟诵第四、五、六节）

第二十八章

一一二

（重复吟诵第七节）

他身披金甲，手执银盾，扬鞭[催马]，驱[车]飞驰。他是英勇

① 以上为梅赫尔的自问。

强大的首领,他是威武善战的英雄。

一一三

当鞭声响起,战马嘶鸣,利箭离弦之际,愿伟大的梅赫尔和阿胡拉前来佑助我们。

到那时,很不情愿、[十分勉强]地向[梅赫尔]奉献祖尔供品者的子弟将被击毙,蓬头垢面地倒在[血泊]里。

一一四

梅赫尔为巡视[真诚者和践约者]的国家所经过的路上,一片光辉[灿烂]。[道路的两边,]广袤的原野一望无垠,自由自在的人们和畜群漫步其中,十分悠闲。

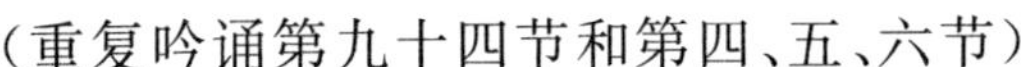

(重复吟诵第九十四节和第四、五、六节)

第二十九章

一一五

(重复吟诵第七节)

呵,领有辽阔原野的梅赫尔! 呵,与家长、村长、城市长官、边塞守将和琐罗亚斯图姆[1]关系密切的首领!

---

① 意为“像琐罗亚斯德一样的”。琐罗亚斯德教最高首领的徽号,相当于罗马天主教会的教皇。波斯语中称作“马斯马冈”(Masmaghān)。——译者注

一一六

梅赫尔(誓约)的[等级],夫妻之间为二十,同事之间为三十,亲属之间为四十,邻里之间为五十,宗教首领之间为六十,师徒之间为七十,岳父与女婿之间为八十,兄弟之间为九十。

一一七

[梅赫尔(誓约)的等级,]父母子女之间为一百,国家之间为一千,马兹达教[信教]之间为一万。

[梅赫尔]与胜利连在一起,而且永远如此。

一一八

每当太阳从[巍峨的]哈拉[山]顶升起[和]夕阳落山之际,我都以早、晚两次祈祷①,力求接近梅赫尔。

斯皮塔曼呀!

这样会使邪恶的阿赫里曼感到不悦,但我坚持早、晚两次祈祷,以求接近[梅赫尔]。

(重复吟诵第四、五、六节)

① 早、晚两次祈祷,指已经完成和将要进行的祈祷,亦即面朝北和面朝南的祈祷。

第三十章

一一九

（重复吟诵第七节）

斯皮塔曼呀！

赞美梅赫尔吧！并教导[自己的]信徒，将大小牲畜和会飞的家禽奉献给梅赫尔。

一二〇

梅赫尔庇护和佑助所有笃信马兹达教的虔诚教徒。

应该由祖特[向梅赫尔]奉献人们上供的胡姆。

虔诚的教徒可以饮用按宗教礼仪制作的祖尔，以使领有辽阔原野的梅赫尔[因受到虔诚教徒的礼赞而]感到高兴，使他的圣灵得到安慰。

一二一

琐罗亚斯德向阿胡拉·马兹达问道：

呵，阿胡拉·马兹达！

虔诚的教徒应该怎样饮用按照宗教礼仪制作的祖尔，以使领有辽阔原野的梅赫尔[因受到虔诚教徒的礼赞而]感到高兴，使他的圣灵得到安慰？

一二二

阿胡拉·马兹达回答说：

应该连续三天，洗净自己的身体；为了赎罪，还要鞭打自己三十下。

向领有辽阔原野的梅赫尔致祭行礼时，须连续两天洁身；为了赎罪，还须鞭打自己二十下。

凡不配[吟诵]“斯陶塔·亚斯纳”[1]和《维斯帕拉德》颂诗者，不得为颂扬和赞美领有辽阔原野的梅赫尔而饮用祖尔。

（重复吟诵第四、五、六节）

第三十一章

一二三

（重复吟诵第七节）

阿胡拉·马兹达在光辉灿烂的伽尔扎曼[2]称赞他。

一二四

领有辽阔原野的梅赫尔，为庇佑[虔诚的教徒]舒展双臂，从光辉灿烂的伽尔扎曼翩然下凡。

---

① Staota-Yasna，致祭行礼时必须吟诵的《亚斯纳》颂诗。

② Garzamān，阿胡拉·马兹达在天国的永恒住地，光辉灿烂，位于最高处。伊斯兰文学中称之为“阿尔什”（‘Arsh）或“埃利荣”（‘Eliyon）。

梅赫尔驾驭着金镶玉嵌、华丽无比的彩舆。

一二五

四匹雪白的神马，拉着这乘彩舆。那四匹神马，饮天池的清水，[食天国马厩的饲料。]那前蹄金、后蹄银的四匹神马，饰有贵金属精制的辔头，上面系着许多环钩，个个玲珑剔透。[就这样，四匹马]并驾齐驱。

一二六

在[梅赫尔]的右侧，[策马]前行的是纯洁而公正的拉申——最为得力的助神；在他的左侧，[催马]向前的是乐善好施、供奉祖尔的奇斯塔[①]——一身素装，白璧无瑕，还有达莫伊什·乌帕马纳。

一二七

英勇无畏的骑士达莫伊什·乌帕马纳，像一头进行自卫的利齿野猪冲在前面。那是一头有锋利尖爪的雄性[野猪]，一头迅猛出击、立即[置敌]于死命的野猪，一头令人望而却步、不敢靠近的暴烈[野猪]，一头满脸斑点的[野猪]，一头机敏、灵活而凶悍的[野猪]。

紧随其后，[驱马]前行的是[梅赫尔]，金光闪耀的阿扎尔和强大的凯扬灵光。

---

① Chista，词义为“知识”、“学问”，此处指知识女神。

一二八

领有辽阔原野的梅赫尔的战车上，备有千张精制的良弓，弓弦多用伽瓦斯纳[①]的筋腱做成。

[离弦的弓箭]以思想力的速度，飞向妖魔鬼怪的头颅。

一二九

领有辽阔原野的梅赫尔的战车上，备有千只精制的翎箭——饰有黑兀鹫的羽毛，金色箭镞的槽口镶有硬骨，锋镝用铁打制而成。

[离弦的弓箭]以思想力的速度，飞向妖魔鬼怪的头颅。

一三〇

领有辽阔原野的梅赫尔的战车上，备有千根精制的梭镖，锋利的梭镖以思想力的速度，飞向妖魔鬼怪的头颅。

领有辽阔原野的梅赫尔的战车上，备有千把精制的板斧，双刃坚硬的板斧以思想力的速度，飞向妖魔鬼怪的头颅。

一三一

领有辽阔原野的梅赫尔的战车上，备有千柄精制的短剑，双棱的短剑以思想力的速度，飞向妖魔鬼怪的头颅。

---

① Gavasna，这个词在《阿维斯塔》仅出现一次，大概是指一种动物，其筋腱可用来制作弓弦；另说是指野牛。

领有辽阔原野的梅赫尔的战车上，备有千把精制的铁杵[①]，坚硬的铁杵以思想力的速度，飞向妖魔鬼怪的头颅。

一三二

领有辽阔原野的梅赫尔的战车上，备有轻巧、精美的狼牙棒。［梅赫尔］以百节百刃的狼牙棒瞄准仇敌，将他们打翻［在地］。

［这根狼牙棒］用黄色金属浇铸，用金子制成，是克敌制胜的最坚固的武器，它以思想力的速度，飞向妖魔鬼怪的头颅。

一三三

领有辽阔原野的梅赫尔杀死众妖魔，歼灭毁约者，而后从阿雷扎希、萨瓦希、法拉达·扎弗舒、维达·扎弗舒、武鲁·巴雷什蒂和武鲁·贾雷什蒂［诸国］以及光辉灿烂的赫瓦尼拉萨国的上空飞过。

一三四

恶贯满盈的阿赫里曼、邪恶奸诈的［凶魔］赫什姆和长手臂的布沙斯伯，确实感到不寒而栗。

所有暗藏的魑魅魍魉和瓦雷纳的伪信者，无不万分恐惧。

一三五

（重复吟诵第九十八节和第四、五、六节）

---

① 一种用于投掷的铁杵。

第三十二章

一三六

（重复吟诵第七节）

白色骏马拉着他的彩舆。那乘彩舆上备有投石器用的闪光石块。金制的车轮飞速前进，为他运去人们供奉的祖尔供品。

一三七

［关于那位主祭，］亦即纯洁的祖特——他成熟老练，学识渊博，有幸接受神启；在铺开的巴尔萨姆枝前，他呼唤梅赫尔［的圣名］，为之馨香祷祝——阿胡拉·马兹达这样说道：

纯洁的琐罗亚斯德呀！但愿那主祭心想事成！

假如那主祭为取悦梅赫尔的圣灵，对之俯首听命，满足其愿望，那梅赫尔就将径直降临他的家中。

一三八

［关于那位主祭，］亦即不洁的祖特——他孤陋寡闻，冥顽不灵，未曾接受神启；在巴尔萨姆枝前，他徒有一席之地，尽管铺开许多巴尔萨姆枝，长时间地吟诵《亚斯纳》——阿胡拉·马兹达这样说道：

纯洁的琐罗亚斯德呀！此等主祭绝不会有好下场！

一三九

凡漠视马兹达、阿姆沙斯潘丹、领有辽阔原野的梅赫尔以及达特[①]、拉申和开拓世界的阿尔什塔德[②]之人，绝不可能取悦于阿胡拉·马兹达、阿姆沙斯潘丹和领有辽阔原野的梅赫尔。

（重复吟诵第四、五、六节）

第三十三章

一四〇

（重复吟诵第七节）

斯皮塔曼呀！

我赞美梅赫尔——那最初的善的[造物]和天国的勇士。[他]大慈大悲，无与伦比；[他]身居高位，强大而无畏；[他]身经百战，所向无敌。

一四一

那无往不胜者[总是]随身携带一件精制的武器。即使在深沉的黑暗中，他也不会上当受骗。[他]是强者群中翘楚，天字第一号的勇士。[他]是最智慧的乐善好施者。

① Dāt，词义为“公正”，或“神的法律”，此处指司法之神。

② Arshtād，正直和诚实之神，也是每月 26 日的庇护神。

那无往不胜者享有神圣的灵光。他拥有千只耳朵、万只眼睛和万名侦探。强大的[梅赫尔]智慧无比,从不会上当受骗。

(重复吟诵第四、五、六节)

第三十四章

一四二

(重复吟诵第七节)

那伟大而慈善的天神,每当清晨时[出现,]展露自己明月一般的姣容,并使斯潘德·迈纽的创造物显示出千姿百态[①]。

一四三

他的容貌恰似明亮的蒂什塔尔星。

斯皮塔曼呀!

从不会迷路的最美好的造物,驾驭着梅赫尔的彩舆。

我赞美那斯潘德·迈纽制作的[彩舆]——用天国的明星装饰起来的[梅赫尔的彩舆]。

那强大的[梅赫尔]无所不知,无所不晓,从不会上当受骗,他拥有万名侦探。

(重复吟诵第四、五、六节)

---

① 清晨时,梅赫尔将夜幕笼罩下的一切展现出来。

第 三 十 五 章

一四四

（重复吟诵第七节）

我们赞美位于国家四周的梅赫尔。我们赞美位于国家中间的梅赫尔。我们赞美位于国家之上的梅赫尔。我们赞美位于国家之下的梅赫尔。我们赞美位于国家之前的梅赫尔。我们赞美位于国家之后的梅赫尔。

一四五

我们赞美伟大、纯洁、永恒的梅赫尔［和］阿胡拉。我们面对巴尔萨姆枝，赞美星辰、月亮、太阳和梅赫尔——整个大地的首领。

（重复吟诵第四、五、六节）

一四六

伟大的琐罗亚斯德因真诚而被选中，那上界的首领［在自己行为的宝库］捍卫人们的善行，复活日之际将其奉献给马兹达。马兹达的天国属于贫穷百姓的庇护者。

向领有辽阔原野的梅赫尔和恩赐农田的拉姆[①]致敬！

真诚乃是幸福的最佳食粮［和源泉］。幸福属于［品行端正和］

① Rām，每月 21 日的庇护神。

渴求至诚之人。

威严、灵光、健康、长寿、胜利、[成功、]确保安逸的财富，出类拔萃的子嗣，永恒的生活，纯洁[而善良者]的天国和给人以无限温暖的光芒，这一切全属于你的赞美者！

第十三篇　法尔瓦尔丁·亚什特

第　一　章

一

阿胡拉·马兹达对斯皮塔曼·琐罗亚斯德说：

斯皮塔曼呀！

现在我要明确地让你知道，善者强大的、无往不胜的众灵体的灵光、力量、佑助和庇护，[并再次告诉你，]善者强大的众灵体是怎样佑助和支持我的。

二

琐罗亚斯德呀！

得助于众灵体的光芒和灵光，我支撑着天空，使其高高在上，光照[整个宇宙]，像拱顶一样笼罩着大地及其四周。那苍穹由诸神灵高擎。[那苍穹]坚固而辽阔，恰似闪光的熔铁，展现在第三层[地]面之上。

三

那苍穹宛如繁星点缀的天衣，马兹达、梅赫尔、拉申和塞潘达尔马兹把它披在身上；[那苍穹]辽阔无垠，看不到头，望不到边。

四—八

琐罗亚斯德呀！

得助于众灵体的光芒和灵光，我庇护着阿雷德维·苏拉·阿娜希塔。她遍[布]各地，带来勃勃生机；她是阿胡拉教的信徒，众妖魔的仇敌……[①]

九

琐罗亚斯德呀！

得助于众灵体的光芒和灵光，我庇护着阿胡拉创造的辽阔的大地。这广袤的[大地]怀抱着尘世间无数美好的东西(生物、非生物以及拥有牧场和江河的高山峻岭)。

十

水量充足的江河在[地]面上奔流不息。为了保护牲畜、人类、五种动物[②]、纯洁的信徒和伊朗人的国土，广袤的大地上生长着各种各样的植物。

---

① 以下重复吟诵《阿邦·亚什特》第四至八节。

② 五种动物包括水生动物、爬行动物、飞禽、有益的走兽和食草动物。

十一

琐罗亚斯德呀!

得助于众灵体的光芒和灵光,我保护着母腹中的胎儿,使其不致死亡;分娩之际,令[其]骨肉、毛发、[手]足、五脏六腑和生殖器官合为一体。

十二

倘若善者强大的众灵体不曾相助,最优等的人类和动物也就不复存在;谎言将得势,主宰一切,尘世就会成为谎言的天下。

十三

天地间的谎言将在斯潘德·迈纽和安格拉·迈纽[①]之间占据一席之地,进而在两者之间赢得优势。到那时,得胜的安格拉·迈纽面对失败的斯潘德·迈纽,就不会畏葸不前。

十四

得助于众灵体的光芒和灵光,江河因源泉永不枯竭而奔流不息;得助于众灵体的光芒和灵光,植物[在广袤的]大地上,因源泉永不枯竭而茁壮生长;得助于众灵体的光芒和灵光,吹散乌云的风,因源泉永不枯竭而刮个不停。

---

① Angra-Mainyu,即阿赫里曼,代表不洁的智慧,是斯潘德·迈纽(代表造物主的纯洁智慧)的宿敌。

十五

得助于众灵体的光芒和灵光，妇女才会怀孕；得助于众灵体的光芒和灵光，女人的子宫才会吸纳男人的精液；得助于众灵体的光芒和灵光，孕妇才能顺利地分娩。

十六

得助于众灵体的光芒和灵光，一个聪颖的、能说会道的男孩才能降生。[他]在集会上的演说，才能打动听众；[他]勤学苦练，这才能在与高泰马[①]的辩论中取胜。

得助于众灵体的光芒和灵光，太阳沿着自己的轨道运行。

得助于众灵体的光芒和灵光，月亮沿着自己的轨道运行。

得助于众灵体的光芒和灵光，星辰沿着自己的轨道运行。

十七

善者的众灵体在艰难的战斗中，是最得力的助手。

斯皮塔曼呀！

最初传播[正]教的导师们的灵体，尚未出世的、重建世界的诸苏什扬特的灵体，在善者的众灵体中，被认为是最强大的。

斯皮塔曼呀！

如今活在世上的人们的灵体要比死者的灵体更强大。

---

① Gaotema，迪弗教的信徒，琐罗亚斯德的对手之一。

十八

凡在整个生活中精心保护善者的灵体，精心保护领有辽阔原野的梅赫尔和养育世界、开拓世界的阿尔什塔德者，无论他是地区的统治者，抑或[一国]之君，定将成为战无不胜者。

十九

斯皮塔曼呀！

这就是我要明确让你知道的，即善者强大的、无往不胜的众灵体的灵光、力量、佑助和庇护，[并告诉了你]，善者强大的众灵体是怎样佑助和支持我的。

第　二　章

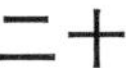

二十

阿胡拉·马兹达对斯皮塔曼·琐罗亚斯德说：

斯皮塔曼·琐罗亚斯德呀！

假如在尘世某强盗挡住你的去路，或者你对战争[妖魔]和贫困产生恐惧，那就缓慢地吟诵这种瓦杰①，或者高声地吟咏这种克敌制胜的瓦杰：

---

① Vāj，《阿维斯塔》中称“瓦奇”（Vāch）；帕拉维语注本中词义为“语言”、“话语”；此处似可引申为“祈祷”或“神启”。

二十一

我们赞美虔诚教徒的纯洁、善良而强大的灵体，并祈求给予佑助。我们赞美与家庭、村社、城市和国家有关的灵体。我们赞美琐罗亚斯图姆[的灵体]。[我们赞美]以往的虔诚教徒[的灵体]；[我们赞美]现在的虔诚教徒的灵体；[我们赞美]将来的虔诚教徒的灵体。[我们赞美]所有家族的灵体；[我们赞美]强大家族的最为有力的[灵体]。

二十二

[我们赞美]捍卫苍穹的[灵体]；[我们赞美]捍卫江河的灵体；[我们赞美]捍卫大地的灵体；我们赞美保护[牲畜]的[灵体]；我们赞美保护母腹中的胎儿，使其维持生命，分娩时令其骨肉、毛发、[手]足、五脏六腑和生殖器官合为一体的灵体。

二十三

[我们赞美的众灵体，]乐善好施，慷慨大方；他们带来力量，带来善良，带来勇敢，带来公正。

浴血奋战之时，应该祈求他们的佑助。在战役和战斗中，应该祈求他们的佑助……①

① 紧接下面一节。

二十四

他们使祈求公正者获得胜利，使贫穷者得到救助，使病人得以康复，并赐予虔诚礼拜、愉快地奉献祖尔供品的正教徒以美好的灵光。

二十五

[众灵体]特别喜欢到虔诚教徒尊奉真诚的地方去，到准备好丰盛供品的地方去，到与虔诚[教徒]不动干戈的地方去。

第　三　章

二十六

我们赞美正教徒纯洁、善良而强大的众灵体，他们是最矫健的骑手，最机智的首领，最坚定的支持者，最锐不可当的武器。

[众灵体]将阻止[敌人]向他们的支持者发动进攻。

二十七

[我们赞美]行善者。[我们赞美]出类拔萃[者]。我们赞美正教徒纯洁、善良而强大的众灵体。

当铺好巴尔萨姆枝时，应该祈求他们的佑助；作战时在疆场上，在两军相互厮杀的地方，应该祈求他们的佑助。

二十八

当斯潘德·迈纽擎起苍穹,[创造]大地、牲畜、江河和植物,保护母腹中的胎儿,使其维持生命,待到分娩,将[其]骨肉、毛发、[手]足、五脏六腑和生殖器官合为一体时,马兹达召唤[众灵体]前来协助保护天、地、江河和植物。

二十九

斯潘德·迈纽委派强大有力,从容不迫,耳聪目明,洞察一切,高大魁梧,紧系腰带,住在辽阔而优美的圣地,飞行迅速,荣华富贵,遐迩闻名的[众灵体],负责保护苍穹。

第四章

三十

我们赞美正教徒纯洁、善良而强大的众灵体。他们心地善良,行为端正,注重友情,与他们促膝长谈令人感到愉快。他们从不亏待此前未曾亏待过行善者、守信者、富于远见者、助人为乐者、久负盛名者和战争胜利者的人们。

第 五 章

三十一

我们赞美正教徒纯洁、善良而强大的众灵体。他们异常英勇地从高处给敌人以有力的打击，在战场上将邪恶仇敌的强壮臂膀斩断落地。

第 六 章

三十二

我们赞美正教徒纯洁、善良而强大的众灵体。他们信守誓约，刚强而勇敢，保护[朋友]免遭[敌人的]暗算。

慷慨大方、乐于助人的众灵体，享有阿希的庇佑。他们如同广袤的大地，如同连绵不断的江河，如同高空的太阳。

第 七 章

三十三

我们赞美正教徒纯洁、善良而强大的众灵体。他们机智勇敢，骁勇善战，威风凛凛，能粉碎所有敌人[无论妖魔鬼怪，还是邪恶之徒]的攻击。

[众灵体]按照自己的意愿,冲锋陷阵,消灭来敌。

三十四

呵,[众灵体!]呵,最为强大的[造物!]

你们把阿胡拉创造的属于自己的善良、成功和取胜的优势赐给那些国家——它们表现出你们所具有的美德,因而不使[你们]感到扫兴、痛苦和悲伤;在那里,人们坚持走自己选定的道路,认为你们是值得崇拜、值得颂扬的。

第 八 章

三十五

我们赞美正教徒纯洁、善良而强大的众灵体。他们声名显赫,在战斗中手执盾牌[①],威风凛凛,无往而不胜;而且[从不偏离正道,误入歧途。]

那跑在前面的,那在后面紧追的,全都祈求[众灵体]的佑助:前者为了摆脱[后者的追踪];后者为了抓获[前者]。

---

① "手执盾牌"似与阿维斯塔语词组"斯帕罗·达斯塔"(Spāro-Dasta)的意思有出入,但因达尔梅斯泰特、盖尔德内和坎伽等人均这样译,故采纳之。

三十六

[众灵体]喜欢到虔诚的人们尊奉真诚的地方，喜欢到供品丰盛的地方，喜欢到正教徒感到高兴的地方。

第 九 章

三十七

我们赞美正教徒纯洁、善良而强大的众灵体。他们组成披坚执锐的无数军队，高擎着闪光的旌旗。

在英勇的赫什塔维[1]人与达努部落交战之前，他们就已赶到阵地。

三十八

[呵，众灵体]正是你们在此之前粉碎了突朗的达努部落的进犯；正是你们在此之前瓦解了突朗的达努部落的攻势。

凭借你们的[支援]，在此之前，英勇的赫什塔维人和卡尔什纳兹[2]人以及勇敢的、著名的、所向披靡的宗教友军愈战愈强，捣毁了达努统治者的上万所阴森可怖的住房。

---

① Khshtāvī，一个伊朗人家族。

② Karshnaz，一个伊朗人家族。

第　十　章

三十九

我们赞美正教徒纯洁、善良而强大的众灵体。他们先击败两翼的敌军，接着击溃中央[的敌军]。为支援行善者和围困作恶者，他们发起迅猛的冲击。

第　十　一　章

四十

我们赞美正教徒纯洁、善良而强大的众灵体。他们在战场上英勇无畏，所向披靡，大显身手：[时而]静处，[时而]突击，[时而]往来驰骋。

[众灵体]……[①]他们仪表堂堂，灵魂高尚，纯洁而善良。他们使祈求者获得成功，使求福者如愿以偿，使病人恢复健康。

四十一

[众灵体]恩赐他们的赞美者以美好的灵光，那赞美者就像尘世的贤哲、众民的首领琐罗亚斯德一样，每当工作遇到困难，心中

---

①　此处省略几个意思含糊不清的词。

惴惴不安时，便向众灵体馨香祷祝。

四十二

当祈求者由衷地发出呼唤，[众灵体]便以思想力的速度从天而降，随之而来的是神奇的力量、阿胡拉创造的成功、取胜的优势和利益；利益意味着宝贵的财富，它将给值得赞美、值得颂扬的正教带来福气和纯洁的威力。

四十三

[众灵体]使萨塔瓦耶斯星运行于天地之间，以便兴云致雨，倾听祈求者的呼唤，播下甘霖；并为保护牲畜、人类、五种动物和伊朗人的国土，为佑助纯洁的善者，使植物长出[地面]。

四十四

明亮、闪光而美丽的萨塔瓦耶斯在天地之间运行，倾听祈求者的呼唤，播下甘霖；并为保护牲畜、人类、五种动物和伊朗人的国土，为佑助纯洁的善者，使植物茁壮生长。

第 十 二 章

四十五

我们赞美正教徒纯洁、善良而强大的众灵体。他们身披盔甲，手执盾牌和利器，在刀光剑影的战场上厮杀，为消灭成千上万的妖魔，挥舞着锋利的短剑。

四十六

假如在[众灵体]之间清风骤起，刮来战士们的气息，那么[众灵体]所关注的军队必将稳操胜券，因为得到关照的战士们，在抽剑挥臂厮杀之前，就已向正教徒纯洁、善良而强大的众灵体致祭行礼。

四十七

正教徒强大的众灵体与梅赫尔、拉申、达莫伊什·乌帕马纳和所向披靡的风神一起，关注着最先以纯洁的愿望和坚定的信念向他们致祭行礼的战士们。

四十八

在正教徒强大的众灵体与梅赫尔、拉申、达莫伊什·乌帕马纳和所向披靡的风神一起关注的地方，[敌人的]各家族、部落必然迅速被歼灭，数以十计、百计、千计、万计和数十万计。

第十三章

四十九

我们赞美纯洁、善良而强大的众灵体。他们在哈马斯帕特马达姆[1]节日期间，离开自己的憩息地，连续十夜[2][到尘世]巡视，以便了解情况：

五十

什么人将称颂我们？什么人将高唱赞歌，以取悦于我们？

什么人将慷慨地以牛奶、衣物和其他供品——由于这种奉献，定能达到真诚——款待[我们]？我们当中谁将受到称赞？我们当中谁的灵魂将受到颂扬？我们当中谁将享有这份供奉——取之不尽、用之不竭的食粮？

五十一

慷慨地以牛奶、衣物和其他供品——由于这种奉献，定能达到真诚——颂扬[众灵体]的人，只要正教徒强大的众灵体没有感到不悦、烦恼和痛苦，那就将为他祈求福祉：

五十二

愿这个家庭人丁兴旺，牲畜成群！愿[这个家庭]享有矫健的骏马和坚固的车辆！愿[这个家庭]的主人信仰甚笃，能言善辩！因为他总是慷慨地以牛奶、衣物和其他供品——由于这种奉献，定能达到真诚——赞美我们。

① 参见《胡尔达·阿维斯塔》卷《阿法林甘·伽罕巴尔》篇。

② 《阿维斯塔》中每当说及天数，不说几天，而说几夜。

第十四章

五十三

我们赞美正教徒纯洁、善良而强大的众灵体。他们为马兹达创造的江河指明[光辉的]道路。[那江河]自创造以来长期在原地静止不动。

五十四

而现在，为取悦阿胡拉·马兹达和阿姆沙斯潘丹，正沿着马兹达开辟的道路，流向众神祇选中的地方[和]事先约定为水源充足的[国家]。

第十五章

五十五

我们赞美正教徒纯洁、善良而强大的众灵体。他们使植物茁壮成长，使花园美丽芬芳。[那植物]自创造以来长期处于地下，未曾破土生长。

五十六

而现在，为取悦阿胡拉·马兹达和阿姆沙斯潘丹，正在马兹达创造的大地上，在众神祇选中的地方，按照事先约定的时间茁壮成长。

第 十 六 章

五十七

我们赞美正教徒纯洁、善良而强大的众灵体。他们为星辰、月亮、太阳和阿尼朗[1]指明纯洁的道路。[那星辰、月亮、太阳和阿尼朗]长期以来因众妖魔的干扰和破坏，原封不动，没有运行。

五十八

而现在，正加速运转，以求达到[自己]运行轨道的终点，迎接改变[世界]的幸福时刻的到来。[2]

第 十 七 章

五十九

我们赞美正教徒纯洁、善良而强大的众灵体，其中九九九九九

① Aneyrān，光焰无际的天国圣地。注意不可与同形同音、但词义不同的"阿尼朗"(意为"非伊朗的"或"伊朗的敌人")相混淆。

② 指最后一位隐遁先知苏什扬特降世之时，整个世界将摆脱阿赫里曼带来的黑暗和邪恶，恢复光明纯洁的原貌。

[个]灵体守护着光辉的法拉赫·卡尔特[河]。

第十八章

六十

我们赞美正教徒纯洁、善良而强大的众灵体，其中九九九九九[个]灵体守护着哈弗托·兰格[1]。

第十九章

六十一

我们赞美正教徒纯洁、善良而强大的众灵体，其中九九九九九[个]灵体守护着手执狼牙棒、长发辫的伽尔沙斯布[2]的躯体。

① Haftō-rang，帕拉维语，阿维斯塔语称作 Haptōiringa，词义为“具有七种标志的”（亦即北斗七星或称大熊星座。——译者注）。

② 根据宗教传说，伽尔沙斯布因亵渎圣火而陷入沉睡，但并未死去，因为他是永恒不死者之一。众灵体守护着他的躯体，直至复活日的来临。届时，他将从长眠中醒来，协助隐遁先知苏什扬特拯救世界。

第二十章

六十二

我们赞美正教徒纯洁、善良而强大的众灵体，其中九九九九九[个]灵体守护着纯洁的斯皮塔曼·琐罗亚斯德的精液[①]。

第二十一章

六十三

我们赞美正教徒纯洁、善良而强大的众灵体。假如[战斗]指挥官崇奉真诚，而正教徒强大的众灵体对他不反感，不厌恶，不嫌弃，不动怒，那就会在其右翼助战。

① 根据宗教传说，琐罗亚斯德的精液保存在凯扬西湖(即哈蒙湖)中，由众灵体负责守护。琐罗亚斯德升天一千年后，有位姑娘从哈杰山来到湖边，下水洗浴，此时精液进入她的体内，使其受孕生子，即第一位隐遁先知。琐氏升天后的第二个和第三个一千年，其精液又先后进入第二个和第三个来湖中沐浴的姑娘体内，于是后两位隐遁先知相继降世。

第二十二章

六十四

我们赞美正教徒纯洁、善良而强大的众灵体。他们的伟大、坚强、英勇、善战，以及为人解难和为民造福，其功德无量，是难以用语言加以形容的。

成千上万的[灵体]降临到致祭行礼的人们中间。

六十五

斯皮塔曼·琐罗亚斯德呀！

当闪耀着马兹达创造的灵光的水流，从法拉赫·卡尔特河奔泻而下时，正教徒强大的众灵体便开始跃动，数以千计、万计、数十万计。

六十六

每个灵体都在为自己的家庭、村社、城市和国家力争得到河水。他们发问道：

莫非我们的家园就该因干旱而遭灾受难？

六十七

[众灵体]在疆场为自己的家庭和国家（为[各自曾在那里]安家的地方）而战，就像披坚执锐的勇士挺身而出，捍卫自己获得的

财富。

六十八

每个[灵体]都如愿以偿，将河水引向自己的家庭、村社、城市和国家。他们欣然说道：

我们的家园应该[草木]茂密，一片翠绿。

六十九

每当强大的国君遭到仇敌的伤害时，[他]便祈求强大的众灵体给予佑助。

七十

假如正教徒强大的众灵体对他不反感，不厌烦，不动怒，那就将给予佑助，向他所在的地方飞去，宛如矫健的苍鹰[展翅翱翔。]

七十一

[众灵体]为了打击隐藏的谎言崇拜者，瓦雷纳的伪信者，为非作歹的卡亚扎罪犯和制造死亡的、污秽的阿赫里曼，[在战斗中]就以他作为武器、盾牌和铠甲，杀伤顽敌，恰如捣毁成千上万个掩体。

七十二

在这种情况下，无论出鞘的利剑，投出的狼牙棒，还是发射的翎箭，倾全力掷出的标枪和石块，均伤不到他。

七十三

正教徒纯洁、善良而强大的众灵体显得沉静、安详、从容不迫，他们四处游荡，准备了解世态民情。

（重复吟诵第五十节）

七十四

我们赞美天神创造的品质。我们赞美隐遁先知的丁①。我们赞美家畜的灵魂。我们赞美陆地动物的[灵魂]。我们赞美水生动物的[灵魂]。我们赞美爬行动物的[灵魂]。我们赞美飞禽的[灵魂]。我们赞美走兽的[灵魂]。我们赞美食草动物的[灵魂]。我们赞美所有[这些动物]的灵体。

七十五

我们赞美灵体。我们赞美高贵者。我们赞美勇士；我们赞美最威武的[勇士]。我们赞美善者；我们赞美最纯洁的[善者]。我们赞美强者；我们赞美最矫健的[强者]。我们赞美意志坚定者。我们赞美胜利者。我们赞美力大无比者。我们赞美灵巧者；我们赞美最机智的[灵巧者]。我们赞美勤劳者；我们赞美最勤奋的[勤劳者]。

① Dēn，帕拉维语，亦作 Deyn，波斯语，含有“宗教”、“信仰”之意；但此处却指人类具有的五种潜力（如灵魂、灵体等）之一，似可解释为“良知”，或人的“内心的感觉”。

七十六

因为正教徒纯洁、善良而强大的众灵体在两大本原的造物中最为勤奋，所以此前斯潘德·迈纽和阿赫里曼从事创造之时，他们就显得异常活跃。

七十七

每当阿赫里曼有意伤害真诚而美好的造物时，巴赫曼和阿扎尔便挺身而出。

七十八

他们粉碎邪恶的阿赫里曼的敌意，使之不能阻止江河的奔流和植物的生长。唯一、万能的主宰阿胡拉·马兹达创造的江河一泻千里，奔流不息；各种植物破土而出，茁壮成长。

七十九

我们赞美所有的江河。我们赞美所有的植物。我们赞美所有正教徒善良而强大的众灵体。我们称颂江河。我们称颂植物。我们称颂正教徒善良而强大的众灵体。

八十

我们首先赞美永恒灵体中的阿胡拉·马兹达的灵体，他[比其他的灵体]更伟大，更美好，更优秀，更坚强，更智慧，更出色，更真诚，更崇高。

八十一

[我们赞美马兹达的灵体],他洁白无瑕、光辉灿烂的圣灵是天启,他借以现形的是阿姆沙斯潘丹最优美、最伟大的形体。

我们赞美快似骏马的、[永恒的]太阳。

第二十三章

八十二

我们赞美正教徒纯洁、善良而强大的众灵体。[我们赞美]阿姆沙斯潘丹的[灵体],他们是阿胡拉创造的目光敏锐,高大魁梧,力大无穷,英勇无畏的统治者,是永恒而纯洁的天神。

八十三

七[位]天神同样地思想,七[位]天神同样地讲话,七[位]天神同样地行动。他们的思想、言论和行为如出一辙。阿胡拉·马兹达是他们的父亲和首领。

八十四

诸大天神彼此都能识别各自遵从善思、善言和善行,并向往伽尔扎曼的圣灵。

在他们飞向祖尔供品的路上,一片灿烂辉煌。

第二十四章

八十五

我们赞美正教徒纯洁、善良而强大的众灵体。[我们赞美]集会上纯洁的乌尔瓦齐什塔[①]火的[灵体]。[我们赞美]纯洁、勇敢而顺从的，持有阿胡拉锋利的狼牙棒的索鲁什的[灵体]和内里尤桑格的[灵体]。

八十六

[我们赞美]最真诚的[造物]拉申的[灵体]，领有辽阔原野的梅赫尔的[灵体]，神启的[灵体]，苍穹的[灵体]，江河的[灵体]，大地的[灵体]，植物的[灵体]，牲畜的[灵体]，凯尤马尔斯[②]的[灵体]以及两个世界的纯洁[灵体]。

八十七

我们赞美纯洁的凯尤马尔斯的灵体。那聆听阿胡拉·马兹达教诲的第一个人，是雅利安人的始祖。雅利安人国土上的家庭由他创建。

现在我们赞美纯洁的斯皮塔曼·琐罗亚斯德的灵体及其恩

① Urvāzīshta，五种火之一，存在于草木的体内。
② Keyumarth，《阿维斯塔》中的人类始祖，而在《王书》则是世间第一位君主。

赐……

八十八

他是第一个善思者，第一个善言者，第一个善行者。他是第一个阿托尔邦[1]，第一个战士，第一个农夫，第一个养畜者。他是第一个学者，第一个教导者，第一个皈依[正教]者。他是获得牲畜、真诚和天启的第一人，是遵从天启和天国的统治，并将马兹达创造的一切美好事物与真诚相联系的第一人。

八十九

他是第一个阿托尔邦，第一个战士，第一个农夫，第一个养畜者。他第一个背叛[众]妖魔，教育了黎民百姓。他第一个在尘世吟诵“阿谢姆·沃胡……”[2][祈祷]。他[第一个]对众妖魔表示厌恶，并郑重地声明自己崇奉马兹达，是琐罗亚斯德[教]即阿胡拉教的信徒，是众妖魔的敌人。

九十

是他，第一个在尘世讲出阿胡拉教中不利于众妖魔的话语；是他，第一个在尘世传播阿胡拉教中不利于众妖魔的教义；是他，第一个在尘世认定凡[属]妖魔鬼怪者之流，皆不配颂扬和赞美。他乃是全部美好生活的勇士，世上第一位导师。

---

① Ātorbān，即宗教祭司和首领。

② 见前《马兹达·亚斯纳颂歌》脚注。

九十一

由于他，蕴含在“阿谢姆·沃胡……”颂歌中的神启才昭然天下。[他是]尘世的统治者和上界的首领；[他是]真诚的赞美者，最伟大、最优秀、最仁慈的[造物]和最佳宗教的使者。

九十二

诸大天神和太阳一起，按照自己的愿望，以内心的喜悦和纯洁的动机，[称赞]他是尘世的统治者，上界的首领，真诚的赞美者，最伟大、最优秀、最仁慈的[造物]和最佳宗教的使者。

九十三

当他降生和发育时，江河和植物欣喜若狂；当他降生和发育时，江河奔流不息，植物茁壮成长；当他降生和发育时，斯潘德·迈纽的所有造物互相传递得救的福音：

九十四

我们太幸运啦！一位阿托尔邦降世，他就是斯皮塔曼·琐罗亚斯德。

[从今以后，]琐罗亚斯德将以祖尔供品和铺开的巴尔萨姆枝颂扬我们。

从今以后，劝善惩恶的马兹达教将在[地面上]的七个国家广为传播。

九十五

从今以后，领有辽阔原野的梅赫尔将佑助所有的国君，平息一切叛乱。

从今以后，强大的阿帕姆·纳帕特将支持所有的国君，制服桀骜不驯者。

现在我们赞美虔诚的教徒、阿拉斯蒂[①]之子、纯洁的梅迪尤马赫[②]的灵体，他是聆听琐罗亚斯德教诲的第一人。

……[③]

第三十一章

一四三

我们赞美伊朗国土上虔诚的男信徒的灵体。我们赞美伊朗国土上虔诚的女信徒的灵体。我们赞美突朗国土上虔诚的男信徒的灵体。我们赞美突朗国土上虔诚的女信徒的灵体。我们赞美赛里马[④]国土上虔诚的男信徒的灵体。我们赞美赛里马国土上虔诚的

---

① Ārāstī，梅迪尤马赫之父。

② Medyōmāh，琐罗亚斯德的助手之一，最先皈依琐罗亚斯德教者，据宗教传统说法，他是琐氏的叔伯兄弟。

③ 从九十六节到一四二节（第三十章结束），颂扬了虔诚教徒和行善者的灵体，总共提到数百人的名字，似无必要详加罗列，故省略。下接三十一章。

④ 阿维斯塔语 Sairīma，亦即萨尔姆（Sarm 或 Salm，帕拉维语），其地理位置，各家说法不一。

女信徒的灵体。

一四四

我们赞美萨伊尼[1]国土上虔诚的男信徒的灵体。我们赞美萨伊尼国土上虔诚的女信徒的灵体。我们赞美达希[2]国土上虔诚的男信徒的灵体。我们赞美达希国土上虔诚的女信徒的灵体。

一四五

我们赞美所有国家虔诚的男信徒的灵体。我们赞美所有国家虔诚的女信徒的灵体。我们赞美所有正教徒纯洁、善良而强大的众灵体。从凯尤马尔斯直至最终的胜利者苏什扬特的灵体，我们都加以赞美。

一四六

但愿善者的众灵体尽快地在这里与我们相会。但愿他们快来佑助我们。当我们陷入困境时，愿他们公开地支持和庇护我们，就像阿胡拉・马兹达，纯洁的索鲁什和智慧的斯潘德・曼塔尔[3]那样，为了庇护尘世，特派琐罗亚斯德下凡——那与妖魔为敌的使者，是与妖魔为敌的阿胡拉・马兹达的使者。

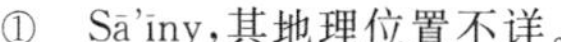

① Sā'īny，其地理位置不详。

② Dāhī，位于马赞德朗海（即里海）东部。

③ Spand-Mantar，词义为“神启”。又据《帕拉维语词典》称，此神为阿胡拉纯洁语言（天启）的代表者和保护者。——译者注

一四七

呵，正教徒的众灵体！呵，善者！呵，江河！呵，植物！

敬请光临这间房屋，愉快而庄重地在这里留住。

呵，强有力者！呵，[强者中的]最强者！

国家的祭司们在这里高擎双手，以善思向你们馨香祷祝，为我们祈求佑助。

一四八

现在我们赞美所有纯洁的男人和女人的灵体，他们的灵魂值得颂扬，他们的灵体值得祈求。

现在我们赞美所有虔诚的男人和女人的灵体，由于他们的祈祷，纯洁的阿胡拉·马兹达将恩赐[我们]以奖赏。

据琐罗亚斯德说，在所有的[虔诚教徒]当中，琐罗亚斯德乃是阿胡拉教第一位最优秀的教导者。

一四九

现在我们赞美第一批宣教者，第一批皈依正教者和纯洁的善男信女的生命、良知、悟性、灵魂和灵体①，他们的目的在于真诚的胜利。

现在我们赞美[祖先]宗教的使者们和纯洁的善男信女的生命、良知、悟性、灵魂和灵体，他们的目的在于真诚的胜利。

---

① 此处言及人类所具有的五种潜力，除生命有终止外，其余皆永恒不灭。

一五〇

我们赞美以前曾[在]家庭、村社、城市和国家传经布道的宣教者。

我们赞美现在正在家庭、村社、城市和国家传经布道的宣教者。

我们赞美以后将在家庭、村社、城市和国家传经布道的宣教者。

一五一

我们赞美在家庭、村社、城市和国家传经布道的宣教者。他们奠定了家庭、村社、城市和国家的基础,他们享有真诚、天启、安详的灵魂和各种愉悦。

一五二

我们赞美尘世的统治者,天国的首领和世上第一位宣教者琐罗亚斯德。他是最仁慈的造物,是所有造物最贤明的统治者;是最威严的造物,是最光辉灿烂的造物。造物中他最值得颂扬,最值得赞美,最值得为取悦于他而致祭行礼。造物中他最值得歌颂,每个造物也确实在礼赞他,以最高的正教仪式向他馨香祷祝。

一五三

我们赞美大地,我们赞美苍穹。我们赞美[天和地]之间一切美好的事物。[我们赞美]值得正教徒颂扬、祈祷和崇拜的事物。

一五四

我们赞美地面上有益动物的灵魂。我们赞美无论生于何地的虔诚男女的灵魂。[我们赞美善男信女的灵魂],他们的美好宗教已经或正在和将要赢得胜利。

一五五

我们赞美善男信女的生命、良知、悟性、灵魂和灵体,他们熟谙宗教,已经或正在和将要赢得胜利;为了真诚,他们必胜无疑。

马兹达·阿胡拉知道造物中以正教的[仪式],举行最高祭礼的男女。我们称赞此等善男信女。

伟大的琐罗亚斯德因真诚而被选中,那上界的首领[在自己行为的宝库]捍卫人们的善行,复活日之际将其奉献给马兹达。

马兹达的天国属于贫穷百姓的庇护者。

一五六

但愿正教徒异常强大、战无不胜的众灵体,第一批宣教者的灵体,使者们的灵体,愉快而庄重地降临这间房屋。

一五七

但愿[众灵体]在这间屋里感到欣慰,[为人们]祈求美好的奖赏和更多的宽恕。

但愿[众灵体]愉快地从这间房屋返回去。

但愿[众灵体]向造物主阿胡拉·马兹达和阿姆沙斯潘丹,转达我们纯洁的颂歌和祷祝。

[众灵体]千万不要牢骚满腹地从这间房屋[返回]，从我们——马兹达的崇拜者身边忿然离去。

一五八

伟大的琐罗亚斯德因真诚而被选中，那上界的首领[在自己行为的宝库]捍卫人们的善行，复活日之际将其奉献给马兹达。

马兹达的天国属于贫穷百姓的庇护者。

向正教徒异常强大的众灵体致敬！

向第一批宣教者的灵体[致敬！]

向使者们的灵体[致敬！]

真诚乃是幸福的最佳食粮[和源泉]。幸福属于[品行端正和]渴求至诚之人。

威严、灵光、健康、长寿、胜利、[成功]、确保安逸的财富，出类拔萃的子嗣，永恒的生活，纯洁[而善良者]的天国和给人以无限温暖的光芒，这一切全属于你的赞美者！

第十四篇　巴赫拉姆·亚什特

第　一　章

一

我们赞美阿胡拉创造的巴赫拉姆[①]。

琐罗亚斯德向阿胡拉·马兹达问道：

呵，天国圣洁的阿胡拉·马兹达！呵，尘世的造物主！

在诸天神中，谁的武艺最高强？

阿胡拉·马兹达答道：

斯皮塔曼·琐罗亚斯德呀！

[诸天神中武艺最高强者]非阿胡拉创造的巴赫拉姆莫属。

---

① 在《阿维斯塔》称作"韦雷斯拉格纳"(Verethraghna)，帕拉维语称作"瓦尔赫兰"(Varhrān)，词义为"置敌于死命者"、"胜利者"。琐罗亚斯德教信奉的最伟大的天神之一，相当于印度人崇拜的因陀罗。巴赫拉姆是战争和胜利之神，还是每月 20 日的庇护神。波斯语中的"巴赫拉姆"(Bahrām。——译者注)，词义为火星，相当于拉丁语词"马尔斯"(Mars。——译者注)，意为战神。

二

阿胡拉创造的巴赫拉姆,第一次化作马兹达创造的强劲的疾风,吹向琐罗亚斯德,[带去]马兹达创造的美好的灵光、力量和智谋。

三

异常强大的巴赫拉姆[对琐罗亚斯德说:]

论力量,我强大无比;论胜利,我所向披靡;论灵光,我光辉灿烂;论仁慈,我最善良;论效益,我战果累累;论韬略,我足智多谋。

四

我将粉碎暴力,击溃所有敌人的进攻,[无论]它来自巫师和女妖,[还是]来自专横的卡维和卡拉潘。

五

我们高声地赞美马兹达创造的巴赫拉姆及其光芒和灵光。

我们以祖尔供品礼赞马兹达创造的巴赫拉姆。

[我们]以阿胡拉教原始的仪式,以掺奶的胡姆和巴尔萨姆枝,以智慧的语言和天启,以祖尔供品,以[善良的]言行和真诚的话语,[赞美阿胡拉创造的巴赫拉姆。]

马兹达·阿胡拉知道造物中以正[教]的最高礼仪馨香祷祝的男女。我们称赞此等善男信女。

第 二 章

六

（重复吟诵第一节）

七

阿胡拉创造的巴赫拉姆，第二次化作一头健壮的金犄角公牛，奔向琐罗亚斯德。在牛角的上方，显现出英姿焕发的阿马[①]。阿胡拉创造的巴赫拉姆就这样显灵。

（重复吟诵第五节）

第 三 章

八

（重复吟诵第一节）

九

阿胡拉创造的巴赫拉姆，第三次化作一匹戴着金辔头的金黄耳朵的白骏马，奔向琐罗亚斯德。在马的前额上，显现出英姿焕发

① Ama，词义为“力量”、“勇敢”，此处指威武之神。

的阿马。阿胡拉创造的巴赫拉姆就这样显灵。

（重复吟诵第五节）

第 四 章

十

（重复吟诵第一节）

十一

阿胡拉创造的巴赫拉姆，第四次化作一只能吃苦耐劳、奔跑迅速、撒欢儿的烈性骆驼——它的皮毛适于缝制衣服，连蹦带跳地奔向琐罗亚斯德。

十二

[一只]强健有力、急欲交配的[骆驼]；[一只]追逐母驼、情欲发作的[骆驼]——母驼有烈性[公驼的保护]，才感到更安全可靠。

[一只]肩宽背厚、驼峰坚实、头脑灵活的[骆驼]。[一只]极其威严、力大无穷的[骆驼]。

十三

[一只]银灰色的[骆驼]，双目炯炯有神，在远处的黑暗中熠熠闪烁；[一只]腿脚结实、昂然挺立、[口]吐白沫的[骆驼]，俨如独步天下的强大国君，向四下里观望着。

阿胡拉创造的[巴赫拉姆]就这样显灵。

（重复吟诵第五节）

第　五　章

十四

（重复吟诵第一节）

十五

阿胡拉创造的巴赫拉姆，第五次化作一头尖齿利爪、凶猛好斗的公野猪，奔向琐罗亚斯德。

一头迅速置[敌]于死命的野猪，发怒时令人望而却步，不敢近前；[一头]满脸斑点、无所畏惧的[野猪]，它作好战斗准备，可随时四面出击。

[阿胡拉创造的巴赫拉姆]就这样显灵。

（重复吟诵第五节）

第　六　章

十六

（重复吟诵第一节）

十七

阿胡拉创造的巴赫拉姆，第六次化作一位十五岁的英俊青年。他［容光］焕发、双目有神、双腿短粗，迈步走向琐罗亚斯德。

［阿胡拉创造的巴赫拉姆］就这样显灵。

（重复吟诵第五节）

第七章

十八

（重复吟诵第一节）

十九

阿胡拉创造的巴赫拉姆，第七次化作一只矫健的雄鹰——它以利爪捕捉［猎物］，用尖喙将其撕碎——飞向琐罗亚斯德。［那雄鹰］在飞禽中速度最快，在百鸟中最善于飞行。

二十

飞禽走兽当中，唯独它能避开翎箭，即使那［箭］发射得快速有力；晨光熹微之中，［它］在天空振翅翱翔；［从］清晨［到］傍晚，［它］一直忙于觅食。

二十一

[它]飞过深山峡谷;[它]翱翔在高山之巅;[它]盘旋于悬崖峭壁之间;[它]在茂密树林的上空,聆听鸟儿的啁啾啼转。

[阿胡拉创造的巴赫拉姆]就这样显灵。

(重复吟诵第五节)

第 八 章

二十二

(重复吟诵第一节)

二十三

阿胡拉创造的巴赫拉姆,第八次化作弯犄角的肥美绵羊,走向琐罗亚斯德。[阿胡拉创造的巴赫拉姆]就这样显灵。

(重复吟诵第五节)

第 九 章

二十四

(重复吟诵第一节)

二十五

阿胡拉创造的巴赫拉姆，第九次化作尖犄角的肥美公羚羊，走向琐罗亚斯德。[阿胡拉创造的巴赫拉姆]就这样显灵。

（重复吟诵第五节）

第十章

二十六

（重复吟诵第一节）

二十七

阿胡拉创造的巴赫拉姆，第十次化作马兹达创造的英俊、威严的男子汉。他腰佩金镶玉嵌的短剑，衣冠楚楚，仪表堂堂，走向琐罗亚斯德。

[阿胡拉创造的巴赫拉姆]就这样显灵。

（重复吟诵第五节）

第十一章

二十八

我们赞美阿胡拉创造的巴赫拉姆。他使[男子汉]变得英勇无畏；他给邪恶之徒以致命打击；他令[万物]复苏，获得新生；他恩赐美好的和睦[和安宁]，从而达到理想的结局。

纯洁的琐罗亚斯德为在思想、言论和行动中获得成功，为在演说和辩论中取胜，特向巴赫拉姆馨香祷祝。

二十九

阿胡拉创造的巴赫拉姆恩赐琐罗亚斯德以传宗接代的精液、过人的臂力和健康长寿，恩赐他以神鱼卡拉[①]的眼力——在有千人之深的辽阔的兰伽哈河中，能窥见细如毫发的涟漪。

（重复吟诵第五节）

第十二章

三十

（重复吟诵第二十八节）

三十一

阿胡拉创造的巴赫拉姆恩赐琐罗亚斯德以传宗接代的精液、过人的臂力和健康长寿，恩赐他以骏马的眼力——在浓云密布、一片漆黑的夜里，能看清[马]颈或[马]尾上的一根鬃毛落地。

---

① Kara，传说中生活在法拉赫·卡尔特河的神鱼。另据《帕拉维语词典》，卡拉是统领水族的鱼精，负责守护法拉赫·卡尔特河的圣树古卡兰。——译者注

第 十 三 章

三十二

（重复吟诵第二十八节）

三十三

阿胡拉创造的巴赫拉姆恩赐琐罗亚斯德以传宗接代的精液、过人的臂力和健康长寿，恩赐他以戴金项圈的黑兀鹫的眼力——从远隔九个国家的距离，能发现拳头大小的肉[块]，纵然它如针尖般微细，抑或似银针的闪亮转瞬即逝。[①]

第 十 四 章

三十四

我们赞美阿胡拉创造的巴赫拉姆。

琐罗亚斯德向阿胡拉·马兹达问道：

呵，天国圣洁的阿胡拉·马兹达！呵，尘世的造物主！

假如我受制于极端邪恶者的法术，那该怎样解除呢？

---

① 以上三章中有关琐罗亚斯德视力的描述表明，我们的祖先不仅在伊斯兰教传入后若干世纪的文学中，而且在远古时候，就善于运用夸张的艺术手法。

三十五

阿胡拉·马兹达回答说：

[琐罗亚斯德呀！]

去找一根羽翼硕大的雄鹰的羽毛，在自己身上轻拂，即可解除敌人的法术。[①]

三十六

凡持有这种猛禽的羽毛或骨头者，任何强敌都不能整治他，杀害他。

因为那鸟中之王[②]的羽毛将赋予他威严和神圣的灵光，保佑他安然无恙。

三十七

即便国家的统治者和军事将领也不能一次杀掉上百个雄鹰羽毛的持有者，最多只能杀死一个这样的人。

三十八

谁都惧怕雄鹰羽毛的持有者，正如所有的敌人为了活命都惧

---

① 第十九节提到巴赫拉姆化作一只雄鹰，此处又写雄鹰羽毛的神力，显然是暗合巴赫拉姆的庇护和佑助。

② 此处称雄鹰为"鸟中之王"，是古人的一种修辞方法，意在突出作"雄鹰"解的"瓦雷甘"（Vāreghan——译者注）的非凡神力。类似的表达法不胜枚举，如"王中之王"，"祭司中的祭司"（祭司长）等。

怕我[①]一样。所有的敌人对我所体现的力量和优势无不感到恐惧。

三十九

对[那种力量和]优势，统治者祈求之，统治者的子嗣祈求之，名声显赫者祈求之，凯・卡乌斯梦寐以求之。[那种力量和优势]中蕴含着骏马[之力]，蕴含着烈性骆驼[之力]，蕴含着适于航行的江河[之力]。

四十

获得[那种力量和优势]的法里东，击败了阿日达哈克。那生有三张嘴巴、三个脑袋和六只眼睛的[阿日达哈克]——有上千种变化的妖魔，是阿赫里曼为破坏真诚世界而特意制造出来的异常强大、凶神恶煞的谎言者。

（重复吟诵第五节）

第 十 五 章

四十一

我们赞美阿胡拉创造的巴赫拉姆。愿巴赫拉姆的灵光和优势

① 指阿胡拉・马兹达。

为了牛群而环绕这间房屋，正如密布的乌云和西莫尔格[1]笼罩着千山万壑。

（重复吟诵第五节）

第十六章

四十二

我们赞美阿胡拉创造的巴赫拉姆。

琐罗亚斯德向阿胡拉·马兹达问道：

呵，天国圣洁的阿胡拉·马兹达！呵，尘世的造物主！［请告诉我，］应在何处呼唤和祈求阿胡拉创造的巴赫拉姆的佑助？在何处向他致祭行礼，馨香祷祝？

四十三

阿胡拉·马兹达回答说：

斯皮塔曼·琐罗亚斯德呀！

在两军对垒、摆好阵式的地方，当先头部队尚未取得大胜，而败退的敌军尚未受到致命打击之时……

① Sīmorgh，传说中的大鹏神鸟，筑巢在神树维斯普·比什（Vispō-Bish）上，该树的果实能医治百病。——译者注

四十四

将四根[雄鹰]的羽毛置于两军阵前。那率先[向]高大魁梧、英姿焕发的阿马和阿胡拉创造的巴赫拉姆致祭行礼、馨香祷祝的军队,必将稳操胜券。

四十五

向阿马和巴赫拉姆,向两位庇护者,向两位支持者,向两位捍卫者致礼!愿他们飞向这里,飞向那里,[愿]他们展翅翱翔在自由的天地!

四十六

琐罗亚斯德呀!

除了生身父亲和骨肉兄弟或宗教祭司,不要向任何人透露神启的奥秘。这神启坚定有力,发聋振聩,神通广大,所向披靡;这神启能使忧患者得救,使受伤者痊愈。

(重复吟诵第五节)

第十七章

四十七

我们赞美阿胡拉创造的巴赫拉姆。他和梅赫尔、拉申一起来到摆好阵式的军队,开口问道:

哪个人对梅赫尔说谎？

哪个人背弃了拉申？

我应该让谁生病或死亡？我完全能够这样做。

四十八

阿胡拉·马兹达说道：

假如人们郑重其事地[向]阿胡拉创造的巴赫拉姆致祭行礼，郑重其事地以最高的正教仪式向他馨香祷祝，那么洪水、毒蛇和疥疮就绝不会在伊朗的国土上泛滥成灾，高擎旌旗的敌军及其战车也绝不会侵入伊朗的国土。

四十九

琐罗亚斯德向阿胡拉·马兹达问道：

呵，阿胡拉·马兹达！

应该怎样以最隆重的正教仪式向阿胡拉创造的巴赫拉姆致祭行礼？

五十

阿胡拉·马兹达回答说：

在伊朗人的国家应该为[巴赫拉姆]烤制一只纯白或纯黑的绵羊。

五十一

强盗、淫妇、不吟诵《伽萨》的歹徒和生活的破坏者，以及琐罗亚斯德的阿胡拉教的敌人，绝不可分享这份供品。

五十二

假如强盗、淫妇、不吟诵《伽萨》的歹徒和生活的破坏者，以及琐罗亚斯德的阿胡拉教的敌人，分享了部分供品，阿胡拉创造的巴赫拉姆就将收回他的福佑。

五十三

于是，洪水泛滥，淹没伊朗人的国土；敌军入侵，践踏伊朗人的国家，生灵涂炭，死者数以百计、千计、万计、数十万计。

五十四

［阿胡拉·马兹达］慨然叹道：

世民百姓呀！

当此维亚姆布拉[①]众妖魔和魔鬼崇拜者杀人如麻，血流成河之际，阿胡拉创造的巴赫拉姆和神主创造的古舒尔万还不值得馨香祷祝、顶礼膜拜吗？

五十五

当此维亚姆布拉众妖魔和魔鬼崇拜者焚烧圣草哈佩雷西[②]和内梅兹卡[③]之际；……

---

① Viyāmbura，一群妖魔的统称，其危害性不详。

② Haperesi，一种禁止焚烧的圣草。

③ Nemedhka，一种禁止焚烧的圣草。

五十六

当此维亚姆布拉众妖魔和魔鬼崇拜者[将牛的]脊背压弯，将它的腰肢打断，拉扯它的躯体，折磨得它死去活来之际；

当此维亚姆布拉众妖魔和魔鬼崇拜者撕下[牛的]耳朵之际；①

阿胡拉创造的巴赫拉姆和神主创造的古舒尔万，难道还不值得馨香祷祝、顶礼膜拜吗？

（重复吟诵第五节）

第十八章

五十七

我赞美阿胡拉创造的巴赫拉姆。我手捧袪除死亡的胡姆，我手捧克敌制胜的胡姆，我手捧确保人身安全的[胡姆]。

凡持有胡姆[草]者，在与敌人的交战中将摆脱困境。

五十八

到头来，我将击败敌人，使之溃不成军；我将消灭尾随而来的敌军。

---

① 此节再次描述了众妖魔及其崇拜者出于卑鄙、残忍的本性，对牲畜横加折磨和摧残的情景。

（重复吟诵第五节）

第十九章

五十九

我赞美阿胡拉创造的巴赫拉姆。[我手捧]西古伊雷[1]出产的宝石，[就像]一位王子[手捧那宝石]，就像成千上万的王子——他们因强健有力、无往不胜而被选作王储——[手捧那宝石]。

六十

我要像所有伊朗人那样，赢得伟大的胜利。我将击败敌人，使之溃不成军；我将消灭尾随而来的敌军。

（重复吟诵第五节）

第二十章

六十一

我们赞美阿胡拉创造的巴赫拉姆。

伟大的琐罗亚斯德因真诚而被选中，那上界的首领[在自己行为的宝库中]捍卫人们的善行，复活日之际将其奉献给马兹达。马

① Sighuire，似指某个地区，以出产具有神奇效力的宝石而闻名。

兹达的天国属于贫穷百姓的庇护者。

［愿］牲畜膘肥肉壮！向牲畜致礼！［愿］牲畜温和驯服！［愿］牲畜获得成功！［愿］牲畜饲料充足！［愿］牲畜鞍鞯齐备！［愿］牲畜从事农耕！要饲养牲畜，以供我们食用。

（重复吟诵第五节）

第二十一章

六十二

我们赞美阿胡拉创造的巴赫拉姆。他打乱敌人的方阵，使之溃不成军；他令敌军陷入困境，使之胆战心惊。他迅速打乱敌人的方阵，使之溃不成军；他迅速置敌军于困境，令之胆战心惊。

阿胡拉创造的巴赫拉姆［击溃］众妖魔和［魔鬼崇拜］者的［军队］，［击溃］巫师和女妖，以及专横的卡维和卡拉潘。

（重复吟诵第五节）

第二十二章

六十三

我们赞美阿胡拉创造的巴赫拉姆。当村社联合组成的大军发动进攻时，他将毁约者的双臂倒捆在背后，使他们眼睛失明，耳朵失聪，［以致］腿脚不能动弹，只得束手待毙。

（重复吟诵第五节）

六十四

伟大的琐罗亚斯德因真诚而被选中，那上界的首领[在自己行为的宝库中]捍卫人们的善行，复活日之际将其奉献给马兹达。马兹达的天国属于贫穷百姓的庇护者。

向阿胡拉创造的巴赫拉姆和所向披靡的乌帕拉塔特[①]致敬！

真诚乃是幸福的最佳食粮[和源泉]。幸福属于[品行端正和]渴求至诚之人。威严、灵光、健康、长寿、胜利、[成功]、确保安逸的财富，出类拔萃的子嗣，永恒的生活，纯洁[而善良者]的天国和给人以无限温暖的光芒，这一切全属于你的赞美者！

① Uparatāt，词义为"优势"、"上风"，此处指优胜之神。

第十九篇　扎姆亚德·亚什特[①]

第一章

九

我们赞美马兹达创造的凯扬灵光[②]，那非凡的、为人称道的灵光，那圣洁、万能而机敏的灵光，他凌驾于一切造物之上。

十

［那灵光］属于阿胡拉·马兹达。阿胡拉·马兹达［借助于它］创造了至善至美、令人向往、光辉灿烂和神通广大的造物[③]……

---

① “扎姆亚德”（Zāmyād，或 Zām-Yazd），词义为“土地的庇护神”。“扎姆亚德·亚什特”，词义为“土地之神颂”，按说应该歌颂和赞美地神；而实际上只有头八节序诗（省略未译），提到若干高山峻岭的名字，与地神有关，其余的章节（从第一章算起）全是颂扬灵光的内容。

② “灵光”音译为“法尔”（Farr），代表阿胡拉·马兹达的一种神力，有各种形体变化。它与谁同在，谁便强大有力，威风凛凛，战无不胜。“凯扬灵光”，音译为“法尔·凯扬尼”（Farr-e-Kayānī。——译者注），专指传说中伊朗凯扬王朝诸帝王特有的灵光。

③ 此处指诸苏什扬特，即宗教的拯救者（隐遁先知），复活日之际降世以拯救世界和正教。

十一

以便他们[改造和]重建世界——[一个]永不衰败、永不腐朽、永恒不灭、永葆青春和繁荣昌盛的[世界]。

到那时，死者复生，开始永恒的生活；[苏什扬特[①]]降临，按照他自己的意愿改造世界。

十二

到那时，遵奉真诚的世界将永恒不灭，虚伪将再次被赶回老巢——它从那里而来，为的是损害真诚崇拜者及其世族的生存。

作恶者将被消灭，行骗者将被逐出[世界]。

十三

我们高声地赞美马兹达创造的、强大的凯扬灵光及其威严和神力。

我们以祖尔供品、掺奶的胡姆和巴尔萨姆枝，以智慧的语言和天启，以[善良的]言论和行为，赞美马兹达创造的、强大的凯扬灵光。

马兹达·阿胡拉知道造物中以最高的正[教]礼仪馨香祷祝的男女，我们赞美此等善男信女。

---

① Saoshyānt，波斯语，阿维斯塔语称作 Saoshyānta，帕拉维语称作 Sōshyāns，宗教拯救者的统称。此处专指第三位，亦即最后一位隐遁先知。

第　二　章

十四

（重复吟诵第九节）

十五

[那灵光]属于阿姆沙斯潘丹。他们是阿胡拉创造的目光敏锐、伟大而崇高的统治者，他们极其强大而英勇，他们圣洁而永恒……

十六

七[位]天神同样地思想，七[位]天神同样地讲话，七[位]天神同样地行动，他们的思想、言论和行为如出一辙。阿胡拉·马兹达是他们的父亲和首领。

十七

诸大天神彼此都能识别各自遵从善思、善言和善行，并向往伽尔扎曼的圣灵。

在他们飞向祖尔供品的路上，一片灿烂辉煌。

十八

[阿姆沙斯潘丹]既是阿胡拉·马兹达开天辟地的助手和支持

者，也是[世界]的所有者、建设者和开拓者。

十九

他们渴望重建世界——一个永不衰败、永不腐朽、永恒不灭、永葆青春和繁荣昌盛的世界。

到那时，死者复生，开始永恒的生活；[苏什扬特]降临，按照他自己的意愿改造世界。

二十

（重复吟诵第十二、十三节）

第　三　章

二十一

（重复吟诵第九节）

二十二

[那灵光]属于天国和尘世的众神祇，以及出世的和尚未出世的苏什扬特——他们是[世界]的改造者和重建者。

二十三

（重复吟诵第十九节）

二十四

（重复吟诵第十二、十三节）

第 四 章

二十五

（重复吟诵第九节）

二十六

[那灵光]早先属于丕什达德王朝的胡尚格[①]。他是[地面上]七个国家的统治者，[制服了]愚顽百姓、妖魔鬼怪、巫师和女妖，以及专横的卡维和卡拉潘部落，并消灭了三分之二的马赞德朗众妖魔和瓦雷纳的谎言崇拜者。

（重复吟诵第十三节）

---

① 据《王书》记载，凯尤马尔斯是世上第一位国君；而在《阿维斯塔》中，执掌朝政的第一人却是胡尚格（Hūshang，《阿维斯塔》中称作 Haoshyangha。——译者注）。

第 五 章

二十七

（重复吟诵第九节）

二十八

［那灵光］属于披坚执锐[①]的塔赫穆雷斯。他是［地面上］七个国家的统治者，［制服了］愚顽百姓、妖魔鬼怪、巫师和女妖，以及专横的卡维和卡拉潘部落。

二十九

他战胜所有的愚氓、妖魔、巫师和女妖，并将阿赫里曼变成一匹马，从地球的一边赶到另一边，为期三十年。

（重复吟诵第十三节）

① Zīnāvand，词义为“全副武器的”，在《阿维斯塔》是塔赫穆雷斯的固定修辞语；而在波斯文学中则改称为“镇妖者”。

第　六　章

三十

（重复吟诵第九节）

三十一

[那灵光]早先属于拥有良畜的贾姆希德。他是[地面上]七个国家的统治者，[制服了]愚顽百姓、妖魔鬼怪、巫师和女妖，以及专横的卡维和卡拉潘部落。

三十二

他从众妖魔那里夺得财富、利益、富足、牲畜、欢乐和荣耀。在他统治期间，饮食不见腐败，人畜不见衰老，江河从不干涸，草木从不枯槁。

三十三

在他统治期间，既没有酷暑，也没有严寒；既没有死亡，也没有妖魔制造的忌妒。在他撒谎和出言不逊之前，[情况就是如此这般。]

三十四

一旦[贾姆希德]出言不逊，说了假话，灵光随即化作飞鸟，离他而去。拥有良畜的贾姆希德眼看灵光离去,心中懊悔,茫然若失;面对[众妖魔]的猖獗,他一筹莫展,只得潜藏地下,销声匿迹。

三十五

灵光第一次化作雄鹰,飞离维万格罕之子贾姆希德。领有辽阔原野的梅赫尔——他耳聪目明,且有上千[种]变化,夺得[飞离贾姆希德的]灵光。我们赞美整个大地的统治者梅赫尔,他是阿胡拉·马兹达创造的最光辉灿烂的天神。

三十六

灵光第二次化作雄鹰,飞离维万格罕之子贾姆希德。出身阿特宾家族的法里东——他是胜利者群中翘楚(琐罗亚斯德除外),夺得[飞离贾姆希德的]灵光。

三十七

法里东击败了三张嘴巴、三个脑袋和六只眼睛的阿日达哈克——有上千[种]形体变化、异常强大的虚伪妖魔;他使世界蒙受灾难,是阿赫里曼为损害尘世和扼杀真诚而特意制造出来的、最为凶残狡诈的[恶魔]。

三十八

灵光第三次化作雄鹰,飞离维万格罕之子贾姆希德。英勇无畏的伽尔沙斯布——他胆识过人,是强者中的最强者(琐罗亚斯德除外),夺得[飞离贾姆希德的]灵光。

三十九

我们赞美伽尔沙斯布具有的[威力]和神勇。那大无畏的勇士昂然挺立，从不知疲倦，从不卧床休息；他百战不殆，时刻保持警惕。

四十

伽尔沙斯布[击败和]杀死了头上生角的巨龙——那遍体流脓的怪物，有上千个肚子、鼻子和脖子。它喷出的黄色毒液高过梭镖，吞噬的人畜无以计数。

时值中午，伽尔沙斯布在[巨龙背上]架锅做饭。那怪物[被烟熏火燎，]大汗淋漓。但见它猛然跃起，把铁锅掀翻。热汤四溅，英雄伽尔沙斯布闪身躲到一边。

四十一

伽尔沙斯布力斩金脚踵的甘达尔弗①——[那凶恶的巨妖]嘴巴奇大，恨不能将真诚世界一口吞下。[那巨妖]先后杀死帕斯尼耶②、内尤伊克③和达什蒂亚尼④的九个儿子，还有头戴金冠的希塔斯布⑤和达尼⑥家庭的瓦拉什瓦⑦，以及善于跳跃的皮塔万⑧。

---

① Gandarv，狰狞可怖的巨妖，与伽尔沙斯布交战，被杀。

②③④⑤⑥⑦⑧　均为巨妖甘达尔弗所杀害的人或伊朗家族成员。

四十二

那巨妖还杀害了英勇刚毅的阿雷祖什曼[①]……[②]

四十三

那巨妖还杀害了萨纳维扎克[③]。那粗手大脚、长着犄角的巨妖，在大庭广众之中口出狂言：

“如今我还年轻，来日长大成人，定要以天作车，以地作轮……

四十四

“假如英勇的伽尔沙斯布不杀我，那我就将斯潘德·迈纽拖下光辉灿烂的伽尔扎曼，将阿赫里曼拉出阴暗的地狱。斯潘德·迈纽和阿赫里曼只配为我拉套驾辕。”

英勇的伽尔沙斯布杀死了巨妖，让他命赴黄泉。

（重复吟诵第十三节）

第 七 章

四十五

（重复吟诵第九节）

---

① 为甘达尔弗所杀害的人。

② 此处几个词难以辨认，故省略。

③ 为甘达尔弗所杀害的人。

四十六

斯潘德·迈纽和阿赫里曼为争夺不易到手的灵光而展开角逐，他们各自派出[自己]最得力的助手。

斯潘德·迈纽选派巴赫曼、奥尔迪贝赫什特和阿胡拉·马兹达的阿扎尔；阿赫里曼则派出阿科曼[①]、嗜血成性的赫什姆[②]、阿日达哈克和锯杀贾姆的斯皮图尔[③]。

四十七

马兹达·阿胡拉的阿扎尔阔步向前，暗自思忖：

“我将夺得这不易到手的灵光！”

凶狠毒辣、狰狞可怖、三张嘴巴的阿日达哈克，从后面紧追上来，破口骂道：

四十八

“呔！阿胡拉·马兹达的阿扎尔！

滚回去！[休得靠近灵光！]你若胆敢动一下这不易到手的灵光，我即刻结果你的性命，叫你再不能光照阿胡拉创造的大地！”

为保护真诚世界，考虑到面临的危险，阿扎尔只得把手撤回。因为阿日达哈克确实令人望而生畏。

---

① Akōman，邪恶思想的代表，专门与第一大天神巴赫曼作对。——译者注

② Khēshm，凶残的恶魔。——译者注

③ Spītūr，贾姆希德的兄弟。当贾姆希德失去灵光的庇佑后，被他用锯锯成两半。——译者注

四十九

狰狞可怖、三张嘴巴的阿日达哈克疾步向前，暗自窃喜：

“我将夺得这不易到手的灵光！”

马兹达·阿胡拉的阿扎尔从后面紧追上来，[正言厉色地喝道：]

五十

“[呔！阿日达哈克！]

退回去！[休得靠近灵光！]你若胆敢动一下这不易到手的灵光，我即刻用火烧焦你的嘴巴，叫你再不能破坏真诚世界，在阿胡拉创造的大地上为非作歹！”

阿日达哈克考虑到面临的危险，只得把手缩回，因为阿扎尔威风凛凛，确实令人不寒而栗。

五十一

[这时，]灵光跃入法拉赫·卡尔特河。快似骏马的阿帕姆·纳帕特为夺得灵光，当即[追赶上去，暗自说道：]

“我将从深不可测的河底夺得这不易到手的灵光！”

五十二

快似骏马的阿帕姆·纳帕特是尊贵的首领和光辉的君主。他是庇佑祈求者的勇士，养育着世民，为百姓造福。我们赞美那河神，他乐于聆听人们的馨香祷祝。

五十三

阿胡拉·马兹达对斯皮塔曼·琐罗亚斯德如是说：

纯洁的琐罗亚斯德呀！

凡获得不易到手的灵光者，将享有一位阿托尔邦应得的奖赏。……

五十四

带来安逸的阿尔特将恩赐他以牲畜和植物，使之在全年内，每天都遂心如意，以使他[给敌人]以有力的打击，在胜利的基础上，击溃嗜血成性的[敌]军，消灭一切敌人。

我们以液体供品祖尔、掺奶的胡姆和巴尔萨姆枝，以智慧的语言和天启，以真诚的言论和行动，高声地赞美马兹达创造的不易到手的强大灵光及其威严和神力。

马兹达·阿胡拉知道造物中以最高的正[教]礼仪馨香祷祝的男女，我们称赞此等善男信女。

第　八　章

五十五

（重复吟诵第九节）

五十六

[那灵光]属于伊朗部族和纯洁的琐罗亚斯德。

为夺得[灵光],邪恶的突朗人阿弗拉西亚布脱掉衣服,跳进法拉赫·卡尔特河,用力划水,紧追不舍。

但见灵光骤然加速,摆脱了阿弗拉西亚布的追逐。他从法拉赫·卡尔特河纵身跃入霍斯鲁湖①瀑布。

五十七

斯皮塔曼·琐罗亚斯德呀!

突朗的彪形大汉阿弗拉西亚布从法拉赫·卡尔特河上得岸来,破口骂[道:]"埃萨,亚思纳,阿赫马伊!②

"我未能夺得那属于伊朗部族和纯洁的琐罗亚斯德的灵光……

五十八

"现在我要搅乱一切,让美丑、善恶、伟大和渺小混为一团,难以分辨,给阿胡拉·马兹达点颜色看看……③"

斯皮塔曼·琐罗亚斯德呀!

突朗的彪形大汉阿弗拉西亚布[再次]跳进法拉赫·卡尔特河。

---

① 据《本达希申》记载,此湖距奇恰斯特湖(今雷扎耶湖)50 法尔桑格(每法尔桑格相当于 6.24 公里。——译者注)远。

② 阿弗拉西亚布的咒语,其意不得而知。

③ 此处几个词含义不清,故略。

五十九

[阿弗拉西亚布]第二次脱掉衣服，下河追踪灵光——那属于伊朗部族和纯洁的琐罗亚斯德的灵光。

但见灵光骤然加速，摆脱了[阿弗拉西亚布的追逐]。他从法拉赫·卡尔特河纵身跃入万伽赫兹达湖①瀑布。

六十

斯皮塔曼·琐罗亚斯德呀！

突朗的彪形大汉阿弗拉西亚布从法拉赫·卡尔特河上得岸来，破口骂[道：]"埃萨，埃萨，亚思纳，阿赫马伊！阿瓦埃斯，埃萨，亚思纳，卡赫马伊！

"我未能夺得那属于伊朗部族和纯洁的琐罗亚斯德的灵光。……

六十一

（重复吟诵第五十八节）

六十二

[阿弗拉西亚布]第三次脱掉衣服，下河追踪灵光——那属于伊朗部族和纯洁的琐罗亚斯德的灵光。

但见灵光骤然加速，摆脱了[阿弗拉西亚布的追逐]。他从法

① 此湖地理位置不详。

拉赫·卡尔特河纵身跃入乌日丹万湖[①]瀑布。

六十三

（重复吟诵第六十节）

六十四

［阿弗拉西亚布］不可能夺得那属于伊朗部族和纯洁的琐罗亚斯德的灵光。我们以液体供品祖尔、掺奶的胡姆和巴尔萨姆枝，以智慧的语言和天启，以真诚的言论和行动，高声地赞美马兹达创造的不易到手的强大灵光及其威严和神力。

马兹达·阿胡拉知道造物中以最高的正［教］礼仪馨香祷祝的男女，我们称赞此等善男信女。

第　九　章

六十五

（重复吟诵第九节）

六十六

［那灵光］属于由赫尔曼德河水形成的凯扬西湖一带的地方统治者，那里坐落着乌希达姆山，山下溪流纵横，奔泻而下……

① 此湖地理位置不详。

六十七

景色秀丽的哈斯特拉河、胡斯帕河、法尔德萨河和哈尔·南格海蒂河，汹涌澎湃的乌什塔·瓦伊蒂河，流经许多牧场的乌鲁扎河，埃雷齐河和扎雷努·迈蒂河，以及白浪滔天、色彩斑斓、雄伟壮观的赫尔曼德河，全都流向[凯扬西湖]，并注入其中。[①]

六十八

[赫尔曼德河]拥有骏马之力、骆驼之力和男人之力，并享有凯扬灵光。

纯洁的琐罗亚斯德呀！

[赫尔曼德河]蕴藏的凯扬灵光威力之强大，足以使伊朗的敌对国陷入没顶之灾。

六十九

到那时，伊朗敌国的居民将流离失所，饥渴交加，饱受严寒和酷暑的折磨。

凯扬灵光为佑助善者和马兹达教的信徒，就这样庇护着伊朗部族和五种动物。

（重复吟诵第十三节）

① 此节提到的河流，地理位置不详，似应位于锡斯坦境内。

第 十 章

七十

（重复吟诵第九节）

七十一

[那灵光]与凯·古巴德、凯·阿皮韦、凯·卡乌斯、凯·阿拉什、凯·皮辛、凯·比亚拉什和凯·西亚乌什合为一体。①

七十二

于是，凯扬王朝诸帝王个个勇武敏捷，无不具有虔诚而高尚的美德，全都是精明强干、无所畏惧的英雄和豪杰。

（重复吟诵第十三节）

第 十 一 章

七十三

（重复吟诵第九节）

① 此节提到的人名，全是传说中伊朗凯扬王朝的帝王。

七十四

[那灵光]与凯·霍斯鲁[①]合为一体，以使他变得强健有力，享有阿胡拉创造的胜利和所向披靡的优势；以使他的命令畅达无阻，得以严格执行；以使他战无不胜，迅速击溃仇敌。

七十五

为了获得心神安宁、健康长寿和马兹达创造的灵光，为了培育仁慈善良、聪明智慧、善于辞令、英勇无畏、目光炯炯和荣华富贵的子嗣，为了预见未来和正确地理解毋庸置疑的天国……

七十六

为了辉煌的统治，为了永恒的生活，为了一切幸福，为了万事如意，[那灵光与凯·霍斯鲁合为一体。]

七十七

于是，凯·霍斯鲁战胜邪恶的[顽敌]。在浴血奋战中，当阴险狡诈的[敌人]驱马杀来时，他没有中[敌人]的埋伏和奸计。

无往不胜的首领、西亚乌什[②]之子凯·霍斯鲁，俘虏了邪恶的阿弗拉西亚布及其兄弟伽尔西瓦兹[③]，终于替英勇的、被无耻杀害

---

① Kay-Khosrau，传说中伊朗凯扬王朝的著名贤君。

② Syāvoush，凯·霍斯鲁之父，传说中伊朗凯扬王朝的国君之一。

③ Garsīvaz，阿弗拉西亚布的兄弟之一。

的父亲西亚乌什和果敢的阿格里拉斯[1]报仇雪恨。

（重复吟诵第十三节）

第十二章

七十八

（重复吟诵第九节）

七十九

［那灵光］属于纯洁的琐罗亚斯德。他按照宗教信条思想，按照宗教信条讲话，按照宗教信条行动。在整个尘世，数他最真诚，统治者中他最贤明，威严者中他最庄重，他的灵光最辉煌，胜利者中他最英明。

八十

琐罗亚斯德问世之前，众妖魔在地面上横行霸道，为所欲为，明目张胆地从男人［怀里］抢夺妇女，毫不理会她们的号啕和哭泣。

八十一

纯洁的琐罗亚斯德开始吟咏“阿胡纳·瓦伊里耶……”［祈祷］，中间有四次停顿，后半部分声调升高。众妖魔闻听，无不感到

① Aghrīrath，阿弗拉西亚布的另一个兄弟，因同情伊朗被处以极刑。

恐惶，该诅咒的[作恶者]纷纷潜入地下躲藏。

八十二

邪恶的突朗人阿弗拉西亚布向[纯洁的]琐罗亚斯德要求得到灵光。为了夺得琐罗亚斯德的灵光，他走遍[地面上]七个国家，到处寻觅和追踪灵光。

[然而，灵光和琐罗亚斯德]都远远地避开他，使之不能得逞，这正如我，阿胡拉·马兹达和马兹达教所期待的那样。

（重复吟诵第十三节）

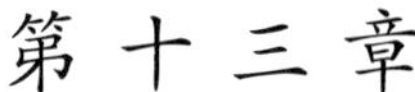

第十三章

八十三

（重复吟诵第九节）

八十四

[那灵光]属于凯·古什塔斯布。他按照宗教信条思想，按照宗教信条讲话，按照宗教信条行动。他赞美这种宗教，并将众妖魔从善者[身边]赶跑。

八十五

他以千钧重的狼牙棒，为真诚寻找自由的道路；他以千钧重的狼牙棒，为真诚找到了自由的道路；他大力赞助和扶植琐罗亚斯德的阿胡拉教。

八十六

他从桎梏中解救出被束缚的宗教，使其牢牢地扎根于[世民百姓]之中。那谦恭、伟大、正确而纯洁的宗教拥有牲畜和牧场，并因牲畜和牧场而日益繁荣富强。

八十七

英勇的凯·古什塔斯布战胜了凶残的塔斯里亚万特[①]、崇拜魔鬼的帕尚[②]和伪信者阿尔贾斯布[③]，以及其他作恶多端、不敬神的匈奴部落[④]。

（重复吟诵第十三节）

第十四章

八十八

（重复吟诵第九节）

① 与琐罗亚斯德教为敌的突朗人首领。

② 与琐罗亚斯德教为敌的突朗人首领。

③ Arjāsb，与琐罗亚斯德教为敌的突朗人首领。

④ 属于突朗的部落。

八十九

[那灵光]与无往不胜的苏什扬特及其助手[1]合为一体。到那时，他们将[改造和]重建世界——

（下接第十一节）

九十

（重复吟诵第十二、十三节）

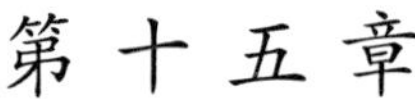

第 十 五 章

九十一

（重复吟诵第九节）

九十二

到那时，马兹达创造的使者、维斯帕·陶尔瓦依丽[2]之子阿斯特瓦特·埃雷塔[3]将从凯扬西湖出世。他手执克敌制胜的狼牙棒——那是勇武的法里东杀死阿日达哈克时所用的[狼牙棒]；

① 指复活日到来之际协助隐遁先知苏什扬特拯救世界的众永生不死者。

② Vispa-Taurvairi，隐遁先知阿斯特瓦特·埃雷塔的母亲。

③ Astvat-Ereta，最后一位隐遁先知的名字，亦即苏什扬特。

九十三

那是突朗人阿弗拉西亚布杀死说谎的赞吉亚布[①]时所用的[狼牙棒]；

那是凯·霍斯鲁杀死突朗人阿弗拉西亚布时所用的[狼牙棒]；

那是真诚的导师凯·古什塔斯布指挥军队时所用的[狼牙棒]。

埃斯特瓦特·埃雷塔将以此狼牙棒将谎言逐出世界——真诚的故乡。

九十四

埃斯特瓦特·埃雷塔以智慧的目光注视着所有的造物。埃斯特瓦特·埃雷塔以慷慨的目光环视整个尘世，他的关注将使世界焕然一新，永恒不朽。

九十五

所向披靡的埃斯特瓦特·埃雷塔的助手们将降临人世。[他们]笃信正教，奉行善思、善言和善行；[他们]从不口出谎言。与灵光无缘、嗜血成性的凶魔赫什姆见了他们，便逃之夭夭。真诚终将战胜阴暗、卑鄙、邪恶的虚伪。

九十六

品行不端者必败，心地善良者必胜。说谎者必败，诚实者必

① 阿弗拉西亚布的对手之一。

胜。

霍尔达德和阿莫尔达德终将战胜罪恶的饥馑和干渴。

为非作歹、倒行逆施的阿赫里曼，到头来，将溜之乎也，狼狈不堪。

（重复吟诵第十三节）

伟大的琐罗亚斯德因真诚而被选中，那上界的首领[在自己行为的宝库]捍卫人们的善行，复活日之际将其奉献给马兹达。马兹达的天国属于贫穷百姓的庇护者。

向马兹达创造的、恩赐安宁和真诚的乌希德雷纳山[①]致敬！向马兹达创造的凯扬灵光、向马兹达创造的不易到手的灵光致敬！

真诚乃是幸福的最佳食粮[和源泉]。幸福属于[品行端正和]渴求至诚之人。

威严、灵光、健康、长寿、胜利、[成功]、确保安逸的财富，出类拔萃的子嗣，永恒的生活，纯洁[而善良者]的天国和给人以无限温暖的光芒，这一切全属于你的赞美者！

① 据说此山位于锡斯坦境内。

第四卷

万迪达德

作为《阿维斯塔》的一卷，《万迪达德》的大部分内容是讲教徒在个人和集体生活中所应遵循的教规和戒律以及对教徒行为的奖惩制度；换言之，即被视为《阿维斯塔》法律部分的《万迪达德》，能使读者了解琐罗亚斯德教信徒日常必须遵守的具体法规。

“万迪达德”的词义本身就含有这个意思。“万迪达德”是阿维斯塔语“维达埃瓦·达塔”（Vidaēva Dāta）的讹音，原意为“驱除妖魔的法规”。

此处所谓的“妖魔”，如前所述，显然是指琐罗亚斯德降世以前雅利安人祀奉的诸神祇。随着琐罗亚斯德的问世和他创立的一神教的广泛传播，昔日的多神崇拜日趋衰微，与其有关的信条和法规多被废止。因此，“驱魔法”，即阿胡拉教的法规和戒律，与古代雅利安人的多神信仰和轨仪是水火不相容的。

据马兹达·亚斯纳教的经典记载，《万迪达德》原为萨珊王朝时期编定的二十一卷本《阿维斯塔》的第十九卷，随着时间的推移，与《阿维斯塔》其他部分一样，难免有所散佚，因而显得有些零乱；但基本上保持了原著风貌。

《万迪达德》共二十二章，“章”被称作“法尔伽尔德”，意为“被断开的”。这二十二章并非只谈教规、法律，还涉及到其他内容。如第一章提到阿胡拉创造的16个国家和阿赫里曼给这些国家带来的灾难；第二章谈到贾姆希德的政绩和世界遭到的灾害；第三章言及农业，和土地因得到耕种而高兴，因尸骨遍野而恼怒；第十八章提到真诚的和虚伪的两种祭司，并说公鸡啼鸣报晓，是代表天使索鲁什唤醒沉睡的人们，摆脱阿赫里曼制造的睡魔布沙斯伯的纠缠，开始一天的劳作；第十九章谈到人死后亡灵的归宿，以及阿赫里曼对琐罗亚斯德的欺骗和诱惑等。

《万迪达德》第四至十七章则纯粹是有关教规戒律的记述，诸如怎样洁身，怎样处置尸骨和避开不洁之物，怎样赎罪，以及对违反教规者实行怎样的惩处等等。

为了使读者全面了解《阿维斯塔》各卷的具体内容，我们特列举《万迪达德》第五章和第七章的部分段落，前者述及规避世界的污秽之物，后者谈到行医治病之事。

第 五 章

一一七

假如某人死于深山峡谷，有鹰隼从山顶飞来，啄食死者的尸体，随后展翅飞去，在一棵硬木树或软木树的上空盘旋，将臭屎拉在树枝上。这时，恰好有樵夫进山打柴，把脏树枝砍下，背回家用以烧火。请问他是否因此而犯下罪过？

接触由野狗、豺狼、飞禽或苍蝇玷污的，或者被风刮来的腐尸、残骨等不洁之物，算不得犯罪。如若不然，接触这类秽物也算犯罪，那么遍地的尸骨残骸，很快将使世间的灵魂恐惶不安，人的性命也难以保全。

假如某人引河水浇灌农田，在第一、第二、第三或第四次偶然发现[水中]有野狗、豺狼或狐狸的尸体，请问他是否因此而犯下罪过？

接触由野狗、豺狼、飞禽或苍蝇玷污的，或者被风刮来的腐尸、残骨等不洁之物，算不得犯罪。如若不然，接触这类秽物也算犯罪，那么遍地的尸骨残骸，很快将使世间的灵魂恐惶不安，人的性命也难以保全。

八一九

难道河水会淹死人吗?

否!河水不会淹死人。阿斯托维扎图[1][将人]死死缠住,动弹不得,[魔鬼]瓦尤[2]随后把他拖走。

[他的躯体]随河水沉浮,被漂流到岸上,鹰隼飞来啄食。此人命中注定,了却一生。

难道火会烧死人吗?

否!火不会烧死人。阿斯托维扎图[将人]死死缠住,动弹不得,[魔鬼]瓦尤随后把他拖走。他的生命和躯体被火焚烧,化为灰烬。此人命中注定,了却一生。

十一十四

夏末冬初之际,马兹达教信徒应在家中为死者挖掘三个地窖[3],其体积要能容下停放的僵尸。

把死者的尸体置于地窖之中,停放两三夜或者三十夜,直至鸟儿重新飞回,草木再度发绿,河水畅流不息,[春]风吹拂大地。

---

① Astōvidhātu(帕拉维语称作 Astōvidāt 或 Astvidāt。——译者注),词义为"生命的毁灭",此处指死亡魔鬼。

② Vayu(帕拉维语称作 Vāy。——译者注),穷追不舍的跟踪魔鬼。正气之神也称作瓦尤,两者不可混淆。

③ 地窖音译为"卡代"(Kadeh。——译者注),原意为"住宅"、"住处",常用作词缀,如拜火祠堂、学校、村长、家庭主妇等复合词中都含有"卡代"这个词缀。此处转意为"地窖"。

马兹达教信徒这时应将[死者]的尸体[移进墓穴],置于阳光下曝晒,让雨水冲洗墓穴、尸体和腐烂的秽物,直到全部秽物被鹰隼食尽。

马兹达教信徒若不将[死者]的尸体置于阳光下曝晒一年以上,那他就应受到杀害正教徒者所应得的惩处。

十五—二十一

呵,阿胡拉·马兹达!难道不是你从法拉赫·卡尔特河引出流水,同时让乌云翻滚,狂风大作?

呵,阿胡拉·马兹达!难道不是你指令雨水冲洗墓穴、尸体、残骸和腐烂的秽物?

呵,阿胡拉·马兹达!难道不是你将[一切]不洁之物[统统]倾入普伊蒂卡[1]河?

* * * * * * * * *

斯皮塔曼·琐罗亚斯德呀!是的,正如你所说——

是我从法拉赫·卡尔特河引出流水;是我让乌云翻滚,狂风大作;是我指令雨水冲洗墓穴、尸体、残骸和腐烂的秽物。

正是我,阿胡拉·马兹达,将[一切]不洁之物[统统]倾入普伊蒂卡河。

但见河水上下翻腾,转瞬间即清洁如初,随后注入法拉赫·卡

① Puitika,注入法拉赫·卡尔特的一条河。

尔特河，[流向]哈瓦伊树[①]。

那里草木茂盛，种类繁多，每种植物都有成千上万株。

正是我，阿胡拉·马兹达，令雨水自天而降，以养活纯洁的信徒和有益的动物。

纯洁的信徒可享用我的稻谷，有益的动物不缺嫩绿的青草。善哉！美哉！你之所言准确无误。

* * * * * * * * *

圣洁的阿胡拉·马兹达有言道：

[正教]必然为未来的生活带来无限的美好。这话使纯洁的琐罗亚斯德感到极大的欣慰。

纯洁的琐罗亚斯德呀！正是马兹达·亚斯纳教使尊奉善思、善言和善行者变得纯洁而完美。

二十二—二十五

呵，尘世圣洁的主宰！反对妖魔的琐罗亚斯德教与其他宗教相比，要更加伟大、优越和完美多少倍？

斯皮塔曼·琐罗亚斯德呀！

在伟大、优越和完美方面，反对妖魔的琐罗亚斯德教与其他宗教相比，不妨说前者是浩荡的法拉赫·卡尔特河，而后者不过是涓

---

① 哈瓦伊树，又名“维斯普·比什”(Vispō-Bish。——译者注)，传说中的一棵参天大树，生长在法拉赫·卡尔特河中，树上的果实含有世间所有植物的种子。

涓细流。

斯皮塔曼·琐罗亚斯德呀！

在伟大、优越和完美方面，反对妖魔的琐罗亚斯德教[与其他宗教相比]，可认为前者是一泻千里的江河，而后者不过是支流和小溪。

斯皮塔曼·琐罗亚斯德呀！

在伟大、优越和完美方面，反对妖魔的琐罗亚斯德教[与其他宗教相比]，可认为前者是参天巨树，而后者不过是细弱的草木。

斯皮塔曼·琐罗亚斯德呀！

在伟大、优越和完善方面反对妖魔的琐罗亚斯德教[与其他宗教相比]，可认为前者是辽阔无垠的苍穹，而后者不过是脚下的一方土地。[①]

① 本章的末节，即第二十六节，因词句混乱，含义不清，故略。

第　七　章[①]

三十六

呵，尘世的造物主！假如马兹达教信徒打算行医治病，那他首先应该试着给什么人［看病］，给马兹达教信徒，还是魔鬼崇拜者？

三十七

［行医者］首先应该试着给魔鬼崇拜者看病，而不是马兹达教信徒。

假如［行医者］第一次为崇拜魔鬼的［病］人动手术未成，导致病人死亡；第二次作同样的手术，又导致［病人］死亡；第三次作同样的手术，依然如故，又导致［病人］死亡，那么［此行医者］就是个没经验的蹩脚医生。

三十八

这样的医生没有资格给马兹达教信徒看病或施行手术；否则，

① 第七章第一至五节谈到腐尸魔鬼围着尸体打转；第六至九节谈到腐尸魔鬼散发出令人作呕的臭气；第十至十二节谈到被尸体玷污的衣物等等，均省略未译。

定会给[正教徒]带来痛苦和不幸。

倘若此人以医生的名义给马兹达教信徒看病或施行手术，结果伤害了[病人]，那他就将以故意犯罪者论处。

三十九

假如[行医者]第一次为崇拜魔鬼的[病]人动手术成功，使病体得以康复；第二次做同样的手术，又治愈[病人]；第三次做同样的手术，又获得成功，使[病人]恢复健康，那么[此行医者]就是个有经验的高明医生。

四十

[这样的人]便可如愿以偿，成为行医治病的医生，为马兹达教信徒看病或施行手术。

四十一

为阿托尔邦治病，将得到美好的祝福；为家长治病，报酬是廉价的牲畜；为村长治病，报酬是中等价钱的牲畜；为城市长官治病，报酬是贵重的牲畜；为君王治病，报酬是一乘四匹马拉的彩舆。[①]

四十二

为家庭主妇治病，报酬是一头母驴；为村长之妻治病，报酬是一头牝牛；为城市长官夫人治病，报酬是一匹骒马；为王后治病，报

① 第四十一、四十二、四十三节言及古代行医的报酬，相等于今天医生的出诊费。

酬是一峰雌骆驼。

四十三

为村长之子治病，报酬是贵重的牲畜。为优良的牲畜看病，报酬是中等价钱的牲畜[①]；为中等价钱的牲畜看病，报酬是廉价的牲畜；为廉价的牲畜看病，报酬是幼畜；为幼畜看病，报酬是一大块肉。

四十四

斯皮塔曼·琐罗亚斯德呀！

[行医者]的手段各不相同，有的用手术刀，有的用草药，有的用神圣的语言[②]，后者才是医中翘楚，因为他们能治愈虔诚教徒的心病。

① 此处言及古代兽医的报酬。

② 古代伊朗有三种医生，即外科医生、草药医生和画符念咒的巫医。巫医借助神圣的语言，亦即宗教的祈祷和祝福，使病人得到精神上的安慰，这对病体康复极为有益。

第五卷

维斯帕拉德

《维斯帕拉德》是波斯古经《阿维斯塔》的另一个本集。这一卷篇幅不长,在写作方法和内容上酷似《亚斯纳》,由颂扬贤哲、善者和正教徒以及所有值得称道的美好事物的短歌组成。

"维斯帕拉德"是个复合词,包含两个阿维斯塔词,即"维斯帕"和"拉图",意为"所有的尊贵者"或"所有的首领"。之所以选择这个题目,是因为圣书的这一卷颂扬和赞美了阿胡拉·马兹达的一切美好的造物。

除了众神祇和诸天使而外,《维斯帕拉德》还赞颂了天国以及天上人间所有真、善、美的东西。其中提到《阿维斯塔》的章节、颂歌、祷词和释文;提到所有的宗教节日和早晨、中午、夜晚的祈祷;提到与宗教节日和致祭行礼有关的用品,如胡姆、巴尔萨姆、祖尔、马亚兹德和神香等,以及众神灵因享有各种供品而感到欣慰。

不妨说,《维斯帕拉德》是我们光荣而虔诚的祖先,为答谢神的恩赐和阿胡拉·马兹达的美好创造,特意奉献给造物主的"赞美书"和"感恩书"。

如上所述,《维斯帕拉德》与《亚斯纳》极其相似,据此推测,也许原来它并非单独的一卷,而只是《亚斯纳》的续篇。再者,我们知道在宗教节日和馨香祷祝时,人们从不单独地吟诵《维斯帕拉德》,而总是与《亚斯纳》合起来演唱,在许多场合还同《万迪达德》一起吟咏；但也有例外，如在每年的六个伽罕巴尔节[1]，则专门吟唱《维斯帕拉德》颂歌，人们称其为"伽罕巴朗·维斯帕拉德"。

《维斯帕拉德》与《亚什特》一样，其中的"章"被称为"卡尔代"。它究竟包括多少章，至今众说不一。据西方《阿维斯塔》学者的不同看法，或者分为二十三、二十四章；或者分为二十六、二十七章。

《维斯帕拉德》的帕拉维文注释本于100多年前由施匹格尔[2]在维也纳出版，全书共3300字，至今保存完好。

这里我们选译《维斯帕拉德》的第七章和第十五章作为例证，把它和圣书的其他卷一起奉献给读者。

① Gahanbār，为纪念阿胡拉·马兹达创造世界而举行的大型庆祝活动，每年六次，每次持续五天，最后一天达到高潮。——译者注

② Shpiegel。

第七章

一

我们赞美金玉良言。我们赞美圣洁的索鲁什。我们赞美善良的阿希。我们赞美内里尤桑格。我们赞美胜利者的和解。我们赞美不曾跌倒的[人们][①]。我们赞美正教徒的众灵体。我们赞美钦瓦特桥。我们赞美阿胡拉·马兹达的伽尔扎曼。我们赞美恩赐一切欢乐和光芒的天国。

二

我们赞美通向天国的最佳途径。我们赞美开拓和养育世界并给世界带来利益的阿尔什塔德。[我们赞美]崇拜马兹达的宗教。我们赞美最真诚的[造物]拉申。我们赞美领有辽阔原野的梅赫尔。我们赞美机敏的帕兰迪——他思想最敏捷，口齿最伶俐，行动最灵活，并能使人心灵手巧，干活利索。

---

① 亦即皈依正教，不曾误入歧途的人们。

三

我们赞美男子汉的气质，它使人威风凛凛，足智多谋，快速敏捷，英勇果敢；它乃天神赋予[男人]的恩泽，使之临危不惧，镇定自若。

我们赞美马兹达恩赐的睡眠，它给人类和动物带来舒适和快活。

四

我们赞美先于天空、江河、大地、植物和有益的动物而创造出来的圣洁的造物[①]。

我们赞美法拉赫·卡尔特河。我们赞美马兹达创造的疾风。我们赞美先于世间万物而创造出来的光明苍穹。

五

我们赞美圣洁而高尚的阿胡拉·马兹达之子阿扎尔[②]。我们赞美祖尔、科什蒂和出于真诚而铺展开来的至纯的巴尔萨姆枝。我们赞美阿帕姆·纳帕特。我们赞美内里尤桑格。

我们赞美英勇无畏的达莫耶什·乌帕马纳。我们赞美死者的亡灵。[我们赞美]正教徒的众灵体。

我们赞美至尊无上的阿胡拉·马兹达，他是圣洁的化身，高于

---

① 指先于尘世而创造出来的神祇、天使和灵体。

② 为表示对阿扎尔的崇敬，特称其为阿胡拉·马兹达之子；但并非像希腊神话中的诸神那样有血缘关系。

[一切]的真、善、美。

我们赞美琐罗亚斯德[教]的所有颂歌。我们赞美已经做的和将要做的一切善行。

第十五章

一

[拉斯皮[①]]：

崇拜马兹达的琐罗亚斯德教的信徒呀！

为了行善积德，为了主持公道和待人以诚，为了规避恶行、专横和谬误，[为了]种好农田，务必保护[和使用好自己的]手脚和头脑，以便经受磨炼，日臻完善。

二

为了礼赞异常强大而圣洁的，为我们所歌颂的阿胡拉·马兹达，为了流畅而准确地反复吟诵神通广大的《亚斯纳》中的"哈弗特·哈特"，并牢牢地铭诸肺腑，但愿在这里的人[全神贯注地聆听]，尔后严格地加以实行。

三

为了吟咏战无不胜的颂诗祷词，为了现在和将来[赞美]阿胡

---

① Rāspī(或 Rāspīk，帕拉维语。——译者注)主持祈祷仪式的祭司之一。

拉·马兹达的阿扎尔——那克敌制胜，坚强有力，伟大而崇高的天神，但愿[在这里的人全神贯注地聆听，尔后严格地加以实行。]

四——五

但愿把祈祷、赞美和颂歌奉献给阿胡拉·马兹达，阿姆沙斯潘丹，纯洁而伟大的首领，至尊的贤哲和卓尔不群的阿希，以及为众善神所喜爱的[祭礼]！

我们向斯潘德·曼塔尔和马兹达教，向“斯陶塔·亚斯纳”和所有的至尊者，以及为众善神所喜爱的祭礼奉献胡姆！

为了祈祷、赞美、颂扬和取悦神明，所有纯洁的造物都在聆听，从头至尾全神贯注地聆听。

[祖特[1]]：“亚塔·阿胡·瓦伊里尤……。”阿塔尔瓦赫什[2]请告诉我！

[拉斯皮]：“阿萨拉图什·阿沙特·奇特哈恰……。”[3]智慧的正教徒请说吧！

马兹达·阿胡拉知道造物中以正[教]的最高礼仪馨香祷祝的男女。我们称赞此等善男信女。

* * * * * * * * *

---

① Zōt(帕拉维语词，阿维斯塔语作 Zaotar。——译者注)主持祈祷仪式的祭司之一。

② Ātarvakhsh，帕拉维语。主持拜火仪式的七位祭司之一。——译者注

③ 紧随“亚塔·阿胡……”颂歌之后的祈祷。

（重复吟诵第一节）

我们赞美圣洁的索鲁什。我们赞美至尊无上的阿胡拉·马兹达，他是圣洁的化身，高于一切的真、善、美。我们赞美琐罗亚斯德[教]的所有颂歌。我们赞美已经做的和将要做的一切善行。

马兹达·阿胡拉知道造物中以正[教]的最高礼仪馨香祷祝的男女。我们称赞此等善男信女。

第六卷

胡尔达·阿维斯塔

“胡尔达·阿维斯塔”的帕拉维语译音为“胡尔达克·阿维斯塔克”(Khortak Avestāk),意即“小阿维斯塔”。这一卷不是原本《阿维斯塔》的有机组成部分,而只是波斯古经的选本。在萨珊国王沙普尔二世时期[①],由大祭司长阿扎尔帕德·梅赫拉斯潘丹根据琐罗亚斯德教的传统,从圣书的各本集中选取某些章节编辑而成,以供教徒在日常的祈祷,每月的祭礼,每年的宗教节日,和穿教服索德拉,系围腰科什蒂,以及婚丧嫁娶,红白喜事时之用。

流传至今的《胡尔达·阿维斯塔》有几种不同的抄本,其篇幅大小不一,想必是转抄者按照各自的需要进行了增删。

《胡尔达·阿维斯塔》的部分章节,在现存《阿维斯塔》各本集中可以找到;而有些章节却找不到,这恰好弥补了业已散佚、未能保留下来的波斯古经各本集的有关内容。

欧洲的《阿维斯塔》注释家将全部或部分《亚什特》,连同现存波斯古经其他本集的部分内容一起,与《胡尔达·阿维斯塔》合并出版。这似乎没有必要,因为《阿维斯塔》各卷有相对的独立性,均可单独成书。

经过普尔·达乌德教授孜孜不倦,长期艰苦的努力,波斯文本的《胡尔达·阿维斯塔》终于得以问世,它分为八篇,内含大量琐罗

---

① 沙普尔二世,309—379年在位执政。——译者注

亚斯德教教徒日常吟咏的、颇为著名的颂诗祷词。

读者从中可以了解到许多有关马兹达教的清规戒律，以及体现纯洁、善良、乐善好施和渴望自由的各式各样的宗教祭礼和祈祷。

这里我们从波斯文本《胡尔达·阿维斯塔》中选取两篇，即《大西鲁泽》和《阿法林甘》，以飨读者。

* * * * * * * * *

应该指出，古波斯人并没有把每月划分为四个星期，这种历法是从阿拉伯人入主伊朗之后才逐渐流行起来的。古波斯人将一年分为十二个月，每月分为三十天，这样十二个月的天数相加只有三百六十天。每年多出的五天，被称为“安达尔伽赫”，或“巴希扎克”、“瓦希扎克”，或“潘杰·杜兹迪代”、“哈姆塞·莫斯塔拉盖”；他们给这五天分别冠以五篇《伽萨》的篇名，凑足了一年三百六十五天。每年另外余下的约四分之一天，经过一百二十年积累成三十天，便可设置一个闰月。①

古波斯人认为，每月的三十天各自都有庇护神，所以为每天都按上一位大天神或神祇的名字。同样地，他们还给每年的十二个月分别冠以六位大天神和六位神祇的名字。这样一来，日名和月名就可能相重合，每当这一天人们便过节庆祝。譬如，法尔瓦尔丁月的法尔瓦尔丁日（当月的第 19 天），被称为“法尔瓦尔丁甘”节；

① 因地球绕太阳公转一周的时间是 365 天 6 小时 9 分 10 秒，即 365.24219 天（太阳历），故有这种推算。——译者注

奥尔迪贝赫什特月的奥尔迪贝赫什特日（当月的第3天），被称为“奥尔迪贝赫什特甘”节等，以此类推。

在古代伊朗，一年分为两季：大夏季从法尔瓦尔丁月初至梅赫尔月末；大冬季从阿邦月初至埃斯梵德月末。看来，琐罗亚斯德教传播之前，一年之始在梅赫尔月（或许是从“梅赫尔甘”节开始，古称巴格亚迪月），马兹达教流行之后，法尔瓦尔丁月才成为元月。

古波斯人有关开天辟地的神话传说，大概是他们对一年的时间进行划分的依据和动因。像犹太人一样，古波斯人也宣称世界是由神主分六次创造出来的；但乌尔马兹德[①]却不像以色列人的上帝耶和华那样性急，仅用六天时间不间歇地完成了世界的创造，而把第七天作为休息日，他不慌不忙地在一年之内分六次创造了整个世界。

神主分六次创造世界所用的时日，帕拉维语称之为“伽桑巴尔”，波斯语称作“伽罕巴尔”。古时候，每当神主创世的日子到来之际，人们便举行节日庆祝活动，向祭司们和其他宗教首领奉献厚礼，并布施救济贫穷百姓。每个这样的节日都有专门的宗教礼仪，吟咏特定的祈祷和颂歌。

每个伽罕巴尔节持续五天，最后一天达到高潮。这六个伽罕巴尔节依次为：(1)迈迪尤·扎尔姆，结束于每年的第四十五天（奥尔迪贝赫什特月15日）；(2)迈迪尤·沙姆，结束于每年的第一百零五天（蒂尔月15日）；(3)帕蒂亚·沙希姆，结束于每年的第一百八十天（沙赫里瓦尔月30日）；(4)阿亚斯里姆，结束于每年的第二

---

① ōhrmazd 或 ōrmazd，帕拉维语，亦即阿胡拉·马兹达。——译者注

百一十天(梅赫尔月 30 日);(5)迈迪亚雷姆,结束于每年的第二百九十天(戴月 20 日);(6)哈马斯帕特马达姆,结束于每年的第三百六十五天(巴希扎克的第 5 天,以第 5 篇《伽萨》命名,即瓦希什图伊什特·伽萨日)。

阿胡拉·马兹达先后六次创造世间万物的顺序是苍穹、江河、大地、植物、动物和人类。

* * * * * * * * *

在我们选编的《胡尔达·阿维斯塔》的两篇中,还提到昼夜的各个时辰,对此不妨略加说明。

古波斯人把一昼夜划分为五个时辰,它们依次为(1)哈万·伽赫[①](亦称哈瓦尼),从日出至正午;(2)拉皮特温·伽赫[②],从正午至下午;(3)乌齐林·伽赫[③],从下午至日落;(4)艾维斯鲁特里姆·伽赫[④],从日落至子夜;(5)乌沙欣·伽赫[⑤],从子夜至日出。

---

① 波斯语词“哈万”(Hāvan),亦即《阿维斯塔》中的“哈瓦纳”(Hāvana),意为“研钵”。清晨从拜火祠堂内传出祭司们用研钵捣碎胡姆草的响声,以此召唤人们进行祈祷,因而把哈万·伽赫作为第 1 个时辰。哈万还是清晨的庇护神。清晨还被称作胡什巴姆。

② “拉皮特温”(Rapītvin,或 Rapisvin,帕拉维语。——译者注),《阿维斯塔》中称作“拉皮斯瓦”(Rapithvā),意为“正午”,被奉作午神和夏季的庇护神。

③ “乌齐林”(ūzīrīn,或 ūzaīrīn,帕拉维语。——译者注)《阿维斯塔》中称作“奥扎亚拉”(Ozayara),意为“白天出门”,被奉作下午的庇护神。

④ “艾维斯鲁特里姆”在《阿维斯塔》中称作“艾维斯鲁司拉”(Aivisrūthra),词义不详,但确是从日落至子夜这个时辰的庇护神。

⑤ “乌沙欣”(Ushahīn,帕拉维语。——译者注)在《阿维斯塔》中称作“乌沙赫”(Ushah),词义为“拂晓”,是从子夜至日出这个时辰的庇护神。

冬季昼短夜长，一天只有四个时辰，即把哈万·伽赫延长，从清晨直至下午。从有关的注释中可以看出，每天五个时辰均以其庇护神的名字命名。

在简单介绍古代伊朗的计时方法时，应该提及《胡尔达·阿维斯塔》中的《西鲁泽》篇[①]，其中包括虔诚的教徒在每日五个时辰向乌尔马兹德、诸大天神和当天的庇护神进行的祈祷和赞美。通过这些颂诗祷词，不仅可以了解琐罗亚斯德教信徒日常祈祷的礼仪，还能熟习他们崇奉的神祇名字和职司，这对加深对古波斯人宗教的认识大有裨益。

* * * * * * * * *

从《胡尔达·阿维斯塔》选收的另一篇，题名为《阿法林甘》，它是马兹达教信徒所做的一系列祈祷的总称。这是个复合词，“阿法林”意为“赞美”、“祈福”，至今波斯语中仍保留这个含义；“甘”是后缀，表示复数，在宗教节日的名称中也有类似的组合词，如“法尔瓦尔丁甘”，“梅赫尔甘”等等。

普尔·达乌德教授译注的《胡尔达·阿维斯塔》中共有四篇《阿法林甘》，我们一并收入本书，它们分别是：(1)《阿法林甘·达赫曼》。“达赫曼”是“达赫姆”一词的复数形式，意为“虔诚、纯洁而善良的教徒和经受过正教考验的人们”。这种祈祷在年初和每月的第四、十和三十天为死者吟诵，意在祈求神主超度去世的正教徒

① 《胡尔达·阿维斯塔》内含《大西鲁泽》和《小西鲁泽》两篇，我们选择了前者。

的亡灵，以使死者的家属感到欣慰。

(2)《阿法林甘·伽萨》。在每年的最后五天，亦即“安达尔伽赫”，或称“巴希扎尔”、“瓦希扎克”、“潘杰·杜兹迪代”，吟咏这种祈祷，因为这五天被分别冠以五篇《伽萨》的名字，故称其为《阿法林甘·伽萨》。这种祈祷也是对死者亡灵的祝福。

(3)《阿法林甘·伽罕巴尔》。在每年的六个伽罕巴尔节期间进行的祈祷，内容涉及每个伽罕巴尔节的盛况，和正教徒在节日期间应尽的义务等。

(4)《阿法林甘·拉皮特温》。是专门用来歌颂大夏季庇护神的祈祷。

通过研读这四篇《阿法林甘》，读者可了解到马兹达教信徒另外的一些祈祷，进而窥视他们的世界观和思想方法，以及他们对待世界、生活和各种事物的态度。

一、大西鲁泽篇

一

我们赞美威严的、光辉灿烂的霍尔马兹德[①]。我们赞美阿姆沙斯潘丹——[那]仁慈[而]贤明的统治者。

二

我们赞美大天神巴赫曼。我们赞美胜利者的和解——他为其他的造物树立了样板。我们赞美马兹达恩赐的天生的知识。我们赞美马兹达恩赐的后天学到的知识[②]。

三

我们赞美最美好的大天神奥尔迪贝赫什特。我们赞美艾尔亚曼·伊什亚[③]——那马兹达恩赐的强者。我们赞美马兹达恩赐

---

① Hormazd，帕拉维语词，乌尔马兹德的别称，亦即阿胡拉·马兹达。——译者注

② 此节提到"和解"和"知识"，是因为巴赫曼代表着阿胡拉·马兹达的善良、智慧和知识。

③ Airyaman-Ishya，《亚斯纳》第 54 章的标题，以该章开头的词命名。因为这章的祈祷极为重要和灵验，能降服阿赫里曼、巫师和女妖，所以后来被尊奉为神。

的、目光远大的、纯洁而善良的苏卡[①]。

四

我们赞美大天神沙赫里瓦尔。我们赞美熔铁。我们赞美[那]庇佑贫穷百姓的慈悲者。

五

我们赞美善良的塞潘达尔马兹。我们赞美马兹达恩赐的、富于远见的、纯洁而善良的拉塔[②]。

六

我们赞美大天神霍尔达德。我们赞美雅伊里亚·胡希蒂[③]。我们赞美圣洁的[天使]和真诚[首领]的灵魂。

七

我们赞美大天神阿莫尔达德。我们赞美精心饲养的牲畜。我们赞美给人类带来好处的谷堆。我们赞美马兹达恩赐的、强有力的古凯雷纳[④]。

---

① Saokā,梅赫尔的助神之一,天国的恩惠首先传给他,尔后依次传递给月亮、金星、苍穹和大地。

② Rātā(帕拉维语称作 Rāt。——译者注),波斯语称作拉德(Rād),施舍之神,与人类安宁和幸福的庇护神塞潘达尔马兹关系密切。

③ Yāiryā-Hushiti,神名。他恩赐人类以坚固的房屋和良好的休憩地。

④ Gaokerena,(帕拉维语称作 Gōkaran。——译者注)生长在法拉赫·卡尔特河中的一棵神树,被称作白胡姆,具有治病的功效。此处提到这棵树,是因为阿莫尔达德是植物的庇护神。

* * * * * * * * *

［哈万·伽赫］[①]：我们赞美领有辽阔原野的梅赫尔。我们赞美恩赐优良牧场的拉姆[②]。

［拉皮特温·伽赫］：我们赞美奥尔迪贝赫什特和阿胡拉·马兹达之子阿扎尔。

［乌齐林·伽赫］：我们赞美伟大的首领、光辉的统治者、快似骏马的阿帕姆·纳帕特。我们赞美马兹达恩赐的纯洁的江河。

［艾维斯鲁特里姆·伽赫］：我们赞美正教徒纯洁、善良而强大的众灵体。我们赞美妇女和她们的子女。我们赞美雅伊里亚·胡希蒂和英姿焕发、威风凛凛的阿马，以及阿胡拉创造的巴赫拉姆和战无不胜的乌帕拉塔特。

［乌沙欣·伽赫］：我们赞美圣洁的索鲁什——那仪表堂堂，无往不胜，开拓世界的至纯的首领。我们赞美最为真诚的拉申。我们赞美开拓世界、养育世界的阿尔什塔德。

* * * * * * * * *

① 下列5个时辰的祈祷在每月第8天的祈祷开始时，按时辰的不同，分别加以吟诵。

② 梅赫尔的助神之一，还是每月第17天（应为第21天。——译者注）的庇护神。

八

我们赞美达达尔[①]（戴·贝·阿扎尔）——威严的、光辉灿烂的阿胡拉·马兹达。我们赞美阿姆沙斯潘丹——[那]仁慈[而]贤明的统治者。

九

我们赞美阿胡拉·马兹达之子阿扎尔。我们赞美马兹达恩赐的灵光。我们赞美马兹达赐予的恩惠。我们赞美马兹达恩赐的伊朗人的灵光。我们赞美马兹达恩赐的凯扬灵光。我们赞美阿胡拉·马兹达之子阿扎尔。我们赞美凯·霍斯鲁。我们赞美霍斯鲁湖。我们赞美阿斯纳万特[②]山。我们赞美马兹达恩赐的恰埃恰斯塔湖。我们赞美强大的凯扬灵光。我们赞美阿胡拉·马兹达之子阿扎尔。

呵，圣洁的武士之火[③]！呵，光彩夺目的阿扎尔！呵，神通广大的神明！我们为你馨香祷祝。

我们赞美阿胡拉·马兹达之子阿扎尔。我们赞美所有燃烧的火。我们赞美天神内里尤桑格。

---

① Dādār，阿胡拉·马兹达的修辞词，意为“至仁至慈的造物主”，是每月第8、15、23的庇护神，为了区分这三天，分别称之为戴·贝·阿扎尔，戴·贝·梅赫尔和戴·贝·丁。

② Asnavant，位于阿塞拜疆境内的一座山名，山上建有阿扎尔·古沙斯布拜火神庙。

③ 指武士和帝王之火，亦称阿扎尔·古沙斯布。

十

我们赞美马兹达创造的善良的水神阿邦。我们赞美纯洁的阿雷德维·苏拉·阿娜希塔。我们赞美马兹达恩赐的所有纯洁的江河。我们赞美马兹达恩赐的所有纯洁的植物。

十一

我们赞美永恒的、威严的、快似骏马的太阳。

十二

我们赞美孕育着牛胎的月亮[①]。我们赞美独一无二的牛精[②]。我们赞美牲畜之首牛精的灵体。

十三

我们赞美明亮而威严的蒂尔[③]星。我们赞美马兹达创造的、强有力的、兴涛作浪的萨塔瓦耶斯。我们赞美所有孕育着水种的星辰。我们赞美所有孕育着土壤种子的星辰。我们赞美所有孕育着植物种子的星辰。我们赞美马兹达创造的瓦南德星。为了与巫师和女妖相抗衡，我们赞美马兹达创造的、光辉灿烂、神通广大的哈弗托·兰格。

---

① 据《阿维斯塔》记载，月亮孕育着牛(牲畜)的胚胎。

② 亦即古舒尔万。

③ 亦即蒂什塔尔。

十四

我们赞美慈善的古什。我们赞美马兹达创造的、强大而纯洁的德尔瓦斯帕[①]。

十五

我们赞美达达尔(戴·贝·梅赫尔)——威严的、光辉灿烂的阿胡拉·马兹达。我们赞美阿姆沙斯潘丹——[那]仁慈[而]贤明的统治者。

十六

我们赞美领有辽阔原野的梅赫尔——[那]大名鼎鼎,有千只耳朵、万只眼睛的神灵。我们赞美恩赐优良牧场的拉姆。

十七

我们赞美开拓世界、无往不胜、高大而纯洁的索鲁什——[那]至纯的首领。

十八

我们赞美最真诚的[造物]拉申。我们赞美开拓世界的阿尔什塔德。

① Drvāspā(阿维斯塔语词。——译者注),古什的别称。

十九

我们赞美正教徒强大而纯洁的众灵体。

二十

我们赞美阿胡拉创造的巴赫拉姆。我们赞美英姿焕发、威风凛凛的阿马。我们赞美战无不胜的乌帕拉塔特。

二十一

我们赞美恩赐优良牧场的拉姆。我们赞美纯洁而非凡的安达尔瓦[1]——造物的另一个卫士。

呵，安达尔瓦！我们赞美你所包容的天国纯洁的智慧。我们赞美永恒的斯瓦沙[2]。我们赞美无限的时间。我们赞美永恒的时间。

二十二

我们赞美纯洁而善良的巴德[3]。我们赞美下界的巴德。我们赞美上界的巴德。我们赞美前面的巴德。我们赞美后面的巴德。我们赞美男子汉的英勇果敢。

---

① Andarvā，或 Andarvāy（帕拉维语词。——译者注），晴朗天气的庇护神。这个词本身含有“天气”或“天空”之意，有人把它解释成“悬挂着的”，似乎不妥。

② Thvāsha，像安达尔瓦一样，也是天气或空间的庇护神。

③ Bād，指风或风神。

二十三

我们赞美达达尔(戴·贝·丁)——威严的、光辉灿烂的阿胡拉·马兹达。我们赞美阿姆沙斯潘丹——[那]仁慈[而]贤明的统治者。

二十四

我们赞美崇拜马兹达的善良的丁[①]。我们赞美马兹达恩赐的最正确的奇斯蒂。[②]

二十五

我们赞美善良的阿尔德[③]——[那]光辉的、强大的、崇高的、乐善好施的尊贵者。我们赞美马兹达恩赐的灵光。我们赞美马兹达赐予的恩惠。我们赞美驾车飞驰的帕兰迪。我们赞美马兹达恩赐的伊朗人的灵光。我们赞美马兹达恩赐的、强有力的凯扬灵光。我们赞美马兹达恩赐的、强大的、不易到手的灵光。我们赞美马兹达恩赐的琐罗亚斯德的灵光。

① 丁(Dēn,帕拉维语;Deyn,波斯语。——译者注),阿维斯塔语称作“达埃纳”(Daena),词义为“认知”,或“造物主”。人类所具有的五种潜力之一,即“良知”。通常含有“宗教”和“宗教庇护神”之义。

② Chisti,又称奇斯塔(Chistā),词义为“知识”。此处为知识的庇护神,被认为是女性。

③ 阿尔德(Ard),波斯文,亦即阿尔特(Art),帕拉维文,或称阿尔塔(Arta),阿维斯塔文。——译者注

二十六

我们赞美开拓世界的阿什塔德[①]。我们赞美马兹达恩赐的、令人神往的乌希达雷纳山。

二十七

我们赞美光辉灿烂的阿斯曼[②]。我们赞美善者美好的归宿（天国）——[那]令人无比欢欣鼓舞的[圣地]。

二十八

我们赞美仁慈的扎姆亚德神。我们赞美这些寓所，这些村社。我们赞美马兹达恩赐的、令人神往的乌希达雷纳山——[那]纯洁的首领。我们赞美马兹达恩赐的、强有力的凯扬灵光。我们赞美马兹达恩赐的、强大的、不易到手的灵光。

二十九

我们赞美无比辉煌的马赫拉·斯潘德[③]。我们赞美与众妖魔誓不两立的宗教。我们赞美琐罗亚斯德教。我们赞美古老的记忆。我们赞美善良的马兹达教。我们赞美对马赫拉·斯潘德的笃

---

① 阿什塔德（Ashtād），亦即阿尔什塔德（Arshtād）。

② Āsmān，苍穹的庇护神。

③ 亦即斯潘德·曼塔尔。阿维斯塔语称作曼斯拉·斯彭塔（Mānthra-Spenta），词义为“圣洁的语言”或“神圣的语言”，亦即“天启”，被奉为阿胡拉至纯的语言（天启）的代表和庇护神。

信和崇拜。我们赞美对马兹达教的深刻理解。我们赞美对马赫拉·斯潘德的领悟。我们赞美马兹达恩赐的、天生的知识。我们赞美马兹达恩赐的后世学到的知识。

三十

我们赞美永恒的阿尼朗[①]。我们赞美光明的伽尔扎曼。我们赞美永恒的哈马斯塔坎。我们赞美马兹达恩赐的、纯洁的钦瓦特桥。我们赞美伟大的首领、光辉的统治者、快似骏马的阿帕姆·纳帕特。我们赞美马兹达恩赐的纯洁的江河。我们赞美挺拔的、金黄色的胡姆。我们赞美开拓世界的胡姆。我们赞美祛除死亡的胡姆。我们赞美为人称道的达赫曼·阿法林。我们赞美英勇而强大的达莫伊什·乌帕马纳。我们赞美所有圣洁的天神。我们赞美所有圣洁的地祇。

① Aneyrān，词义为“无边无际的光源”，被奉为马兹达永恒、无垠的光芒的庇护神。注意不可与作“非伊朗人的”或“伊朗人的敌人”用的另一个“阿尼朗”词相混淆。

二、阿法林甘篇

（一）阿法林甘·达赫曼

一

伟大的琐罗亚斯德因真诚而被选中，那上界的首领[在自己行为的宝库]捍卫人们的善行，复活日之际将其奉献给马兹达。

阿胡拉的天国属于贫穷百姓的庇护者。

* * * * * * * * *

真诚乃是幸福的最佳食粮[和源泉]。幸福属于[品行端正和]渴求至诚之人。

* * * * * * * * *

我再次申明，我崇拜马兹达，追随琐罗亚斯德，是众妖魔的敌人和阿胡拉教的信徒。

* * * * * * * * *

为了取悦达赫马·阿弗里蒂[①]和强有力的达莫伊什·乌帕马纳，应该致祭行礼，馨香祷祝。

[拉斯皮]：亚塔·阿胡·瓦伊里尤……祖特请对我说！

[祖特]：阿萨拉图什·阿沙特·奇特哈恰……智慧的正教徒请讲吧！

二

但愿这个家庭享有笃信正教[者]的喜悦、祝福和祭品。但愿真诚、财富、利益、灵光和欢乐，以及琐罗亚斯德的阿胡拉教的崇高引导降临这个寓所。

三

切勿中断牲畜与这个寓所的[联系]。切勿中断真诚[与我们的联系]。切勿中断善者[与我们的联系]。切勿中断阿胡拉教[与我们的联系]。

四

但愿善者纯洁的众灵体与阿希的恩惠——如大地之阔，江河之长，太阳之高，一起降临这所房屋，以使这个家庭享有幸福，增光生辉，不受恶人的伤害。

---

① Dahma-Āfriti，原意为“虔诚、善良者的祝福”，亦即代表正教徒良好祝愿之神。

五

但愿在这个家庭，顺从取代违抗，和睦取代纷争，慷慨取代悭吝，谦恭取代狂妄，真理取代谬论，真诚取代虚伪。

六

这样，世界末日到来之前，阿姆沙斯潘丹就能从这里获得忠顺、虔诚、美好的祭礼和期待已久的上等供品。

七

切勿让这个家庭失去灵光的福祉，生存的慰藉和体面而高尚的愉悦，以及善良的阿希的持久的佑助——他引导[善者]走向欢乐。

* * * * * * * * *

真诚乃是幸福的最佳食粮[和源泉]。幸福属于[品行端正和]渴求至诚之人。

八

[拉斯皮]：呵，威严的、光辉灿烂的阿胡拉·马兹达！

[祖特和拉斯皮]：我为帝王的统治祈求更大的威力和更大的胜利。我祈求帝祚长久，君王长寿和永恒的真诚。

九

我祈求取之不尽，用之不竭的力量，阿胡拉创造的胜利和压倒一切的优势，以使[我和大家]能从远处监视来敌，瓦解敌人的攻势，迅速击溃邪恶的仇敌。

十

但愿我在战斗中能击败卑鄙、邪恶的仇敌，战胜为非作歹之徒。

十一

但愿我在善思、善言和善行中取得成功，消灭一切敌人和所有魔鬼般的歹徒，以获得美好的奖赏和名声，进而使我的灵魂享有永恒的幸福。

十二

为了帮助善者，战胜歹徒，我希望长命百岁，美满地度过一生。

我祈求令人喜悦的光明和善者的天国。但愿如此，一切遂我心愿。

我钦佩[和敬重]在这里或其他地方已经做的和将要做的善思、善言和善行，因为我[本人]正以热情和勇气为善而奋斗不息。

十三

伟大的琐罗亚斯德因真诚而被选中，那上界的首领[在自己行为的宝库]捍卫人们的善行，复活日之际将其奉献给马兹达。

阿胡拉的天国属于贫穷百姓的庇护者。

为了纯洁的达赫马·阿弗里蒂和强有力的达莫伊什·乌帕马纳，我馨香祷祝，祈求力量。

真诚乃是幸福的最佳食粮[和源泉]。幸福属于[品行端正和]渴求至诚的人。

但愿如此，一切遂我心愿。

（二）阿法林甘·伽萨

一

伟大的琐罗亚斯德因真诚而被选中，那上界的首领[在自己行为的宝库]捍卫人们的善行，复活日之际将其奉献给马兹达。

阿胡拉的天国属于贫穷百姓的庇护者。

* * * * * * * * *

真诚乃是幸福的最佳食粮[和源泉]。幸福属于[品行端正和]渴求至诚之人。

* * * * * * * * *

我再次申明，我崇拜马兹达，追随琐罗亚斯德，是众妖魔的敌人和阿胡拉教的信徒。

* * * * * * * * *

祈祷、赞美、愉悦和祝愿献给威严的、光辉灿烂的阿胡拉·马兹达，献给阿姆沙斯潘丹，献给统治者和善者奉为圭臬的、纯洁的《伽萨》——《阿胡纳瓦德·伽萨》、《奥什塔瓦德·伽萨》、《塞潘特马德·伽萨》、《沃胡赫什塔尔·伽萨》和《瓦希什图伊什特·伽萨》。

二

为了取悦[正教徒]异常强大、战无不胜的众灵体，以及第一批宗教传播者和祖先的[灵体]，应该致祭行礼，馨香祷祝。

* * * * * * * * *

[拉斯皮]：亚塔·阿胡·瓦伊里尤……祖特请对我说。

[祖特]：阿萨拉图什·阿沙特·奇特哈恰……智慧的正教徒请讲吧！

三

我们赞美威严的、光辉灿烂的阿胡拉·马兹达。我们赞美阿姆沙斯潘丹——仁慈而贤明的统治者。我们赞美统治者和善者奉为圭臬的、纯洁的《伽萨》。

我们赞美无上纯洁的《阿胡纳瓦德·伽萨》。

我们赞美无上纯洁的《奥什塔瓦德·伽萨》。

我们赞美无上纯洁的《塞潘特马德·伽萨》。

我们赞美无上纯洁的《沃胡赫什塔尔·伽萨》。

我们赞美无上纯洁的《瓦希什图伊什特·伽萨》。

四

我们赞美善者纯洁而强大的众灵体。哈马斯帕特马达姆节日期间，他们飞离自己的憩息地，在这里连续度过十夜，以便探听世情：

什么人将称颂我们？什么人将高唱赞歌，以取悦于我们？什么人将慷慨地以牛奶和衣物款待我们？——由于这种奉献，定能达到真诚。

我们当中谁将受到称赞？我们当中谁的灵魂将受到颂扬？我们当中谁将享有这份供奉——取之不尽、用之不竭的食粮？

慷慨地以牛奶、衣物和其他供品——由于这种奉献，定能达到真诚——颂扬善者强大的众灵体之人，假如众灵体愉快地[从他的寓所返回去]，必将为他祈求福祉：愿他的家庭人丁兴旺，牲畜成群；愿他的家庭享有矫健的骏马和坚固的大车；愿他的家庭成员身体健康，能言善辩。

真诚乃是幸福的最佳食粮[和源泉]。幸福属于[品行端正和]渴求至诚之人。

五

[拉斯皮]：呵，威严的、光辉灿烂的阿胡拉·马兹达！

[祖特和拉斯皮]:我为帝王的统治祈求更大的威力和更大的胜利。我祈求帝祚长久,君王长寿和永恒的真诚。

(重复吟诵《阿法林甘·达赫曼》第九—十二节)

六

伟大的琐罗亚斯德因真诚而被选中,那上界的首领[在自己行为的宝库]捍卫人们的善行,复活日之际将其奉献给马兹达。

阿胡拉的天国属于贫穷百姓的庇护者。

但愿如此,一切遂我心愿。

伟大的琐罗亚斯德因真诚而被选中,那上界的首领[在自己行为的宝库]捍卫人们的善行,复活日之际将其奉献给马兹达。

阿胡拉的天国属于贫穷百姓的庇护者。

真诚乃是幸福的最佳食粮[和源泉]。幸福属于[品行端正和]渴求至诚之人。

凡以最佳的[液体供品]祖尔,以最精制的祖尔,以正教徒制作的祖尔,赞美阿胡拉创造的江河之人,灵光和威严必属于他;健康长寿和胜利必属于他;确保安逸的巨大财富必属于他;出类拔萃的子嗣和永恒的生活必属于他;善者的天国和给人带来欢乐的光明必属于他。

真诚乃是幸福的最佳食粮[和源泉]。幸福属于[品行端正和]渴求至诚之人。

[请给予]上千次的庇佑。[请给予]上万次的庇佑。

呵,马兹达! 快来佑助我吧!

让我摈弃所有的罪过!

真诚乃是幸福的最佳食粮[和源泉]。幸福属于[品行端正和]渴求至诚之人。

（三）阿法林甘·伽罕巴尔

一

伟大的琐罗亚斯德因真诚而被选中，那上界的首领[在自己行为的宝库]捍卫人们的善行，复活日之际将其奉献给马兹达。

阿胡拉的天国属于贫穷百姓的庇护者。

* * * * * * * * *

真诚乃是幸福的最佳食粮[和源泉]。幸福属于[品行端正和]渴求至诚之人。

* * * * * * * * *

我再次申明，我崇拜马兹达，追随琐罗亚斯德，是众妖魔的敌人和阿胡拉教的信徒。

在哈万·伽赫之时，将祈祷、赞美、愉悦和祝愿献给司日、月、年和每年[各种节日]的众神灵，以取悦伟大而纯洁的首领，以取悦司日、月、年和每年[各种节日]的众神灵——在所有纯洁的首领中，他们最为尊贵。

二

在隆重的迈迪尤·扎尔姆，迈迪尤·沙姆，帕蒂亚·沙希姆，阿亚斯里姆，迈迪亚雷姆和哈马斯帕特马达姆节日期间，应该向众神祇致祭行礼，馨香祷祝。

* * * * * * * * *

[拉斯皮]：亚塔·阿胡·瓦伊里尤……。祖特请对我说。

[祖特]：阿萨拉图什·阿沙特·奇特哈恰……。智慧的正教徒请讲吧！

三

马兹达崇拜者呀！在迈迪尤·扎尔姆节，如果可能，就向尊贵者[奉献]马亚兹德和一只断奶的羊羔；假如某人不能……

四

[则应该]奉献充足的胡拉①，以供发号施令者饮用——他们熟谙[马兹达]的教诲，是最虔诚的教徒，最贤明的统治者，最富有经验的长者，最富于同情心，最肯帮助贫穷百姓的善者；假如某人不能[这样做，那就应该]……

① 胡拉(Hurā)，即吠陀梵语中的苏拉(Surā)，一种饮料的名称。

五

准备好一担干柴，送到尊贵者家去；假如仍做不到，[则应该]备齐一捆或一抱干柴，送到尊贵者家去；假如连这也做不到……

六

[则应该]把优于[任何人]的统治，视为阿胡拉·马兹达的统治。

确实应该为善于统治者祈求统治，并理所当然地认为那种统治归他所有。对阿胡拉·马兹达和奥尔迪贝赫什特而言，[那]使尊贵者感到欣慰的马亚兹德供品，就是如此。

七

[从年初]至迈迪尤·扎尔姆节，即奥尔迪贝赫什特月的戴日[①]，相隔四十五天。这期间，凡出于真诚和慈善，为了自己在尘世的灵魂，向正教徒（热爱奥尔迪贝赫什特者）施舍千只母羊和羊羔之人，在另一个世界将得到丰厚的回报。

斯皮塔曼·琐罗亚斯德呀！

在马亚兹德的供奉者看来，不曾奉献第一批（迈迪尤·扎尔姆节）马亚兹德的正教徒，算不上崇拜马兹达的奴仆。

---

① 即当月 15 日。

八

[从迈迪尤·扎尔姆节]至迈迪尤·沙姆节，即蒂尔月的戴日，相隔六十天。这期间，凡出于真诚和慈善，为了自己在尘世的灵魂，向正教徒(热爱奥尔迪贝赫什特者)施舍千只牝牛和牛犊之人，在另一个世界将得到丰厚的回报。

斯皮塔曼·琐罗亚斯德呀!

在马亚兹德的供奉者看来，不曾奉献第二批(迈迪尤·沙姆节)马亚兹德的正教徒，算不上崇拜马兹达的践约者。

九

[从迈迪尤·沙姆节]至帕蒂亚·沙希姆节，即沙赫里瓦尔月的阿尼朗日[①]，相隔七十五天。这期间，凡出于真诚和慈善，为了自己在尘世的灵魂，向正教徒(热爱奥尔迪贝赫什特者)施舍千匹骒马和马驹之人，在另一个世界将得到丰厚的回报。

斯皮塔曼·琐罗亚斯德呀!

在马亚兹德的供奉者看来，不曾奉献第三批(帕蒂亚·沙希姆节)马亚兹德的正教徒，算不上经受住“热的考验”[②]的马兹达崇拜者。

---

① 即当月 30 日。

② 为了辨别和判明正教徒是否有罪而规定的考验，被称为“瓦尔”(Var)，分为“冷的考验”(瓦尔·萨尔德)和“热的考验”(瓦尔·伽尔姆)两种。“热的考验”似乎就是《阿维斯塔》中多次提到的“熔铁的考验”。

十

［从帕蒂亚·沙希姆节］至阿亚斯里姆节，即梅赫尔月的阿尼朗日，相隔三十天。这期间，凡出于真诚和慈善，为了自己在尘世的灵魂，向正教徒（热爱奥尔迪贝赫什特者）施舍千峰母驼和幼驼之人，在另一个世界将得到丰厚的回报。

斯皮塔曼·琐罗亚斯德呀！

马亚兹德的供奉者应该惩罚不曾奉献第四批（阿亚斯里姆节）马亚兹德的正教徒，杀死他饲养的牲畜。

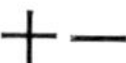

十一

［从阿亚斯里姆节］至迈迪亚雷姆节，即戴月的巴赫拉姆日[①]，相隔八十天。这期间，凡出于真诚和慈善，为了自己在尘世的灵魂，向正教徒（热爱奥尔迪贝赫什特者）施舍千头牲畜之人，在另一个世界将得到丰厚的回报。

斯皮塔曼·琐罗亚斯德呀！

马亚兹德的供奉者应该惩罚不曾奉献第五批（迈迪亚雷姆节）马亚兹德的正教徒，使之倾家荡产，［一无所有］。

十二

［从迈迪亚雷姆节］至哈马斯帕特马达姆节的瓦希什图伊什

① 即当月 20 日。

特·伽萨日[1]，相隔七十五天。这期间，凡出于真诚和慈善，为了自己在尘世的灵魂，向正教徒（热爱奥尔迪贝赫什特者）施舍任何质量上乘的物品之人，在另一个世界将得到丰厚的回报。

斯皮塔曼·琐罗亚斯德呀！

马亚兹德的供奉者应该惩罚不曾奉献第六批（哈马斯帕特马达姆节）马亚兹德的正教徒，使之享受不到阿胡拉教的任何恩惠。

十三

即使他没有犯下罪过，也要大声地斥责他，毫不客气地将他革除教门，并处以纳尔什尼罪[2]。

尊贵者如此对待正教徒，就如同正教徒对待尊贵者那样。

* * * * * * * * *

真诚乃是幸福的最佳食粮[和源泉]。幸福属于[品行端正和]渴求至诚之人。

十四—十八

[拉斯皮]：呵，威严的、光辉灿烂的阿胡拉·马兹达！

[祖特和拉斯皮]：我为帝王的统治祈求更大的威力和更大的胜利。我祈求帝祚长久，君王长寿和永恒的真诚。

---

① 即安达尔·伽赫的第5天，亦即每年的最后一天（第365天）。

② Nārshni，对这种罪行的惩处似为"廉价的死亡"，即不容争辩的死罪。

（重复吟诵《阿法林甘・达赫曼》第九—十二节）

十九

伟大的琐罗亚斯德因真诚而被选中，那上界的首领[在自己行为的宝库]捍卫人们的善行，复活日之际将其奉献给马兹达。

阿胡拉的天国属于贫穷百姓的庇护者。

* * * * * * * * *

将祈祷、赞美、愉悦和祝愿献给司日、月、年和每年[各种节日]的众神灵，以取悦伟大而纯洁的首领，以取悦司日、月、年和每年[各种节日]的众神灵——在所有纯洁的首领中，他们最为尊贵。

（重复吟诵第二节）

* * * * * * * * *

真诚乃是幸福的最佳食粮[和源泉]。幸福属于[品行端正和]渴求至诚之人。

* * * * * * * * *

但愿如此，一切遂我心愿。

（重复吟诵《阿法林甘・达赫曼》第十二节）

* * * * * * * * *

伟大的琐罗亚斯德因真诚而被选中，那上界的首领[在自己行为的宝库]捍卫人们的善行，复活日之际将其奉献给马兹达。

阿胡拉的天国属于贫穷百姓的庇护者。

* * * * * * * * *

真诚乃是幸福的最佳食粮[和源泉]。幸福属于[品行端正和]渴求至诚之人。

[请给予]上千次的庇佑。[请给予]上万次的庇佑。

呵，马兹达！快来佑助我吧！

让我摈弃所有的罪过！

真诚乃是幸福的最佳食粮[和源泉]。幸福属于[品行端正和]渴求至诚之人。

（四）阿法林甘·拉皮特温

一

伟大的琐罗亚斯德因真诚而被选中，那上界的首领[在自己行为的宝库]捍卫人们的善行，复活日之际将其奉献给马兹达。

阿胡拉的天国属于贫穷百姓的庇护者。

* * * * * * * * *

真诚乃是幸福的最佳食粮[和源泉]。幸福属于[品行端正和]渴求至诚之人。

* * * * * * * * *

我再次申明，我崇拜马兹达，追随琐罗亚斯德，是众妖魔的敌人和阿胡拉教的信徒。

* * * * * * * * *

祈祷、赞美、愉悦和祝愿献给纯洁的拉皮特温和纯洁的首领。

祈祷、赞美、愉悦和祝愿献给纯洁的弗拉达特弗舒[①]和赞图姆[②]，以及纯洁的首领。

二

为了取悦威严的、光辉灿烂的阿胡拉·马兹达，阿姆沙斯潘丹，奥尔迪贝赫什特和阿胡拉·马兹达之子阿扎尔[③]，为了取悦天国和尘世所有纯洁的神祇，正教徒异常强大、战无不胜的众灵体，

---

① Frādatfshu，幼畜的庇护神，拉皮特温的助神之一。

② Zantum，地域的庇护神，拉皮特温的助神之一。

③ 此处提到火的庇护神奥尔迪贝赫什特和火的象征阿扎尔，是因为他们与夏季之神拉皮特温关系密切。

第一批宗教传播者的灵体和祖先的灵体，应该致祭行礼，馨香祷祝。

[拉斯皮]：亚塔·阿胡·瓦伊里尤……祖特请对我说。

[祖特]：阿萨拉图什·阿沙特·奇特哈恰……智慧的正教徒请讲吧！

三

阿胡拉·马兹达将对尊贵的拉皮特温下达的旨意，又向斯皮塔曼·琐罗亚斯德重述了一遍：

琐罗亚斯德呀！

现在，向我们提出你想问的事情来吧！你的提问，是一位强[者]的提问；[你向他发问]之人，能够[回答和]满足你——强有力的[提问者]。

四

琐罗亚斯德向阿胡拉·马兹达问道：

呵，阿胡拉·马兹达！呵，天国的智慧！呵，尘世的主宰！呵，圣洁者！

一个人在生活中能获得多大恩惠？荣获多少奖赏？得到几许报酬？

五

为[取悦]尊贵的拉皮特温，并向他馨香祷祝[之人]，洗净双手和研钵，展开巴尔萨姆枝，备好胡姆汁，点燃圣火，开始吟诵“阿胡纳・瓦伊里耶……”颂歌。当他的口舌被胡姆汁润湿，心灵与圣洁的天启相融合之时，向拉皮特温奉献上供品。

六

阿胡拉・马兹达回答说：

斯皮塔曼・琐罗亚斯德呀！

一个人在生活中所能获得的，也就是他本来应该得到的。这正如南风乍起，吹拂大地，使整个尘世欣欣向荣，充满生机，给人们带来欢乐和利益。

七

（重复吟诵第五节）

八

阿胡拉・马兹达对斯皮塔曼・琐罗亚斯德如是说——此乃向尊贵的拉皮特温下达的神启。

* * * * * * * * *

真诚乃是幸福的最佳食粮[和源泉]。幸福属于[品行端正和]渴求至诚之人。

九—十

（重复吟诵《阿法林甘・伽罕巴尔》第十四—十九节）

附　　录

一、《阿维斯塔》神话中的主要善神和恶魔

名称 职司	波斯文	帕拉维文	阿维斯塔文	古波斯文	吠陀梵文	备注
善本原 善界神主 尘世创造者 每月第一、八、十五和二十三日以及每年十月的庇护神	阿胡拉 Ahurā 马兹达 Mazdā 阿胡拉(伊)·马(梅)兹达 Ahurā(y)-Ma(e)zdā	阿胡拉(伊) Ahurā(y) 马兹德(达) Mazd(a) 阿胡拉(伊)·马兹达 Ahurā(y)-Mazda	阿胡拉 Ahura 马兹达 Mazda(h) 阿胡拉·马兹达 Ahura-Mazda(h)	阿胡拉 Ahura 马兹达 Mazda(h) 阿胡拉·马兹达 Ahura-Mazda(h)	阿修罗 Asura	亦作马兹达·阿胡拉 Mazda(h)-Ahura
	霍尔莫兹德 Hormozd 奥尔莫兹德 Ormozd 乌尔莫兹德 Ourmozd 霍尔莫兹 Hormoz	霍尔马兹德 Hormazd 奥尔马兹德 ōrmazd 乌尔马兹德 ōhrmazd				萨珊王朝时期善界神主的别称多达百个以上
	斯潘德·迈纽 Spand-Mainyu 斯潘德·梅努 Spand-Meynou	斯潘纳克·梅诺克(格) Spannāk-Mēnōk(g) 斯佩纳克·梅诺克(格) Spēnnāk(g)-Mēnōk(g)	斯潘塔·迈纽 Spantā-Mainyu 斯蓬塔·迈纽 Spontā-Mainyu			一说为神主阿胡拉·马兹达的代称；一说有相对的独立性，与恶本原阿赫里曼相对应

职司＼名称	波斯文	帕拉维文	阿维斯塔文	古波斯文	吠陀梵文	备注
	戴 Day	达德弗 Dadv				作月庇护神时所用名称
第一位大天神 代表神主的智慧和善良 动物神 每月第二日和每年十一月的庇护神	巴赫曼 Bahman	瓦胡曼 Vahuman 沃胡曼 Vohuman	瓦胡马纳 Vahumana 沃胡马纳 Vohumana			被视为神主与人类灵魂交往的中介
第二位大天神 代表神主的真诚和纯洁 火神 每月第三日和每年二月的庇护神	奥尔迪贝赫什特 Ordībehesht 阿尔迪贝赫什特 Ardībehesht	阿沙·瓦希什特 Asha-Vahisht 阿尔塔·瓦希什特 Arta-Vahisht	阿沙·瓦希什塔 Asha-Vahishta 阿尔塔·瓦希什塔 Arta-Vahishta	阿尔塔 Arta	梨多 Ṛta	常引申为法律和秩序的庇护神
第三位大天神 代表神主的威严和统治 金属神 每月第四日和每年六月的庇护神	沙赫里瓦尔 Shahrīvar	赫沙特雷瓦尔 Khshatrevar	赫沙特拉·瓦伊里亚 Khshatra-Vairiya			其统治包括上界和下界

名称 职司	波斯文	帕拉维文	阿维斯塔文	古波斯文	吠陀梵文	备注
第四位大天神 代表神主的谦虚和仁慈 土地神 每月第五日和每年十二月的庇护神	埃斯潘德 Espand 埃斯梵德 Esfand 斯潘达尔马兹 Spandārmadh 塞潘达尔马兹 Sepandārmadh 埃斯梵达尔马兹 Esfandārmadh	斯彭达尔马特 Spendarmat 斯潘达尔马特 Spandarmat	斯彭塔·阿尔迈蒂 Spentā-Ārmaiti			被尊奉为神主之女
第五位大天神 代表神主的完美和健康 水神 每月第六日和每年三月的庇护神	霍尔达德 Khordād	胡尔达特 Khurdāt 哈尔弗达特 Harvdāt	胡尔瓦塔特 Haurvatāt		萨尔瓦 Sarva	
第六位大天神 代表神主的永恒和不朽 植物神 每月第七日和每年五月的庇护神	阿莫尔达德 Amordād 莫尔达德 Mordād	阿穆尔达特 Amurdā(a)t	阿梅雷塔特 Ameretāt			

名称 职司	波斯文	帕拉维文	阿维斯塔文	古波斯文	吠陀梵文	备注
诸大天神的统称 永生不死的圣者	阿姆沙斯潘丹 Amshāspandān 阿姆沙斯梵丹 Amshāsfandān	阿姆（梅）肖斯潘丹 Am(e)-shōspandān 阿马赫拉斯潘丹 Amahraspandān	阿梅沙斯彭坦 Ameshaspentān			一说为“七位一体”善神的统称；一说不含神主阿胡拉·马兹达
天神地祇的统称	亚兹丹 Yazdān 埃泽德 Eyzed	亚扎特 Yazat 亚泽特 Yazēt	亚扎塔 Yazata	巴伽 Bagha	亚贾塔 Yajata	多用其复数形式，加后缀 ān
圣火之神 每月第九日和每年九月的庇护神	阿塔什 Ātash 阿扎尔 Ādhar	阿塔赫什 Ātakhsh 阿图尔 Ātur 阿塔尔 Ātar	阿斯拉 Athra	阿斯尔 Athr	阿萨尔 Athar 阿耆尼 Agni	被尊奉为神主之子
江河女神 每月第十日和每年八月的庇护神	阿邦 Ābān 阿娜希德 Anāhīd 纳希德 Nāhīd	阿庞 Āpān 阿娜希特 Anāhīt	阿娜希塔 Anāhīta	阿娜希塔 Anāhīta	阿帕斯 Āpās	其固定修饰语为“纯洁而强大的”（Aredvī-Sūra）前琐罗亚斯德时期伊朗雅利安人奉祀的重要神明，司生育、丰产等
太阳神 每月第十一日的庇护神	胡尔希德 Khūrshīd	赫瓦尔谢特 Hvarshēt	赫瓦雷·赫沙埃塔 Hvare-khshaeta			
月亮神 每月第十二日的庇护神	马赫 Māh	马赫 māh	马万格哈 Māvangha			

职司 \ 名称	波斯文	帕拉维文	阿维斯塔文	古波斯文	吠陀梵文	备注
雨神 每月第十三日和每年四月的庇护神	蒂尔 Tīr 蒂什塔尔 Tīshtar	蒂什塔尔 Tishtar 蒂尔 Tīr	蒂什特里亚 Tishtrya			与旱魃相对立。一般认为指天狼星。每月上、中、下三旬变形降世，赐福人类
牲畜神 每月第十四日的庇护神	古什 Gūsh	戈什 Gōsh	古什 Geush 德尔瓦斯帕 Drvāspā			
光明与誓约之神 每月第十六日和每年七月的庇护神	梅赫尔 Mehr	密特尔 Mitr	密斯拉 Mithra	密斯拉 Mithra	密多罗 Mitra	其固定修饰语为“领有辽阔原野的”（Vouru-Gaoyaiti ），前琐罗亚斯德时期伊朗雅利安人奉礼的主神
遵命天使 朝霞之神 每月第十七日的庇护神	索鲁什 Soroush	斯鲁什 Srōsh	斯鲁沙 Sraosha			后期琐罗亚斯德教对其尊崇尤甚，有时排名在六大天神之前
公正之神 每月第十八日的庇护神	拉申 Rashn	拉申 Rashn	拉什努 Rashnu			与梅赫尔、索鲁什组成三联神，专司亡灵的审判

名称 职司	波斯文	帕拉维文	阿维斯塔文	古波斯文	吠陀梵文	备注
灵体神 每月第十九日和每年一月的庇护神	法尔瓦尔丁 Farvardīn	弗拉瓦赫尔 Fravahr 弗拉瓦尔廷 Fravartīn 弗拉瓦尔丁 Fravardīn	弗拉瓦希 Fravashi	弗拉瓦尔蒂 Fravarti		多用其复数形式，加后缀 Hā。人体内五种潜力之一。 为人类，特别是正教徒的庇护神
战争之神 每月第二十日的庇护神	巴赫拉姆 Bahrām	瓦赫拉姆 Vahrām 瓦赫兰 Vahrān 瓦尔赫兰 Varhrān	韦雷斯拉格纳 Verethragh-na 弗拉斯拉格纳 Vrathraghna		弗栗多甘 Vṛtraghan	前琐罗亚斯德时期伊朗雅利安人奉祀的重要神明，常变形降世，赐福人类
正气之神 每月第二十一日的庇护神	拉姆 Rām	拉姆 Rām 瓦伊·韦赫 Vāy-Vēh	拉马·拉曼 Rāma-Rāman 瓦尤 Vayu			梅赫尔之助神
风神 每月第二十二日的庇护神	巴德 Bād	瓦特 Vāt 瓦伊 Vāy	瓦塔 Vāta 瓦尤 Vayu		伐多 Vāta 伐由 Vayu	梅赫尔之助神
良知神 宗教之神 每月第二十四日的庇护神	丁 Deyn	丁 Dēn	达埃纳 Daenā			人体内五种潜力之一。人死后变形为美女或妖婆，引导其亡灵升天国或下地狱

职司＼名称	波斯文	帕拉维文	阿维斯塔文	古波斯文	吠陀梵文	备注
财富与幸福女神 每月第二十五日的庇护神	阿尔德 Ard	阿尔特 Art 阿希 Ashi	阿尔塔 Arta 阿沙 Asha(ā)	阿尔塔 Arta	梨多 Ṛta	
诚实之神 每月第二十六日庇护神	阿什塔德 Ashtād 阿尔什塔德 Arshtād	阿什塔特 Ashtāt	阿尔什塔特 Arshtāt			
苍穹之神 每月第二十七日的庇护神	阿斯曼 Āsmān	阿斯曼 Āsman				
土地神 每月第二十八日的庇护神	扎姆亚德 Zāmyād 扎米 Zamī 扎敏 Zamīn	扎姆亚特 Zāmyāt 扎姆达特 Zāmdāt 扎米克 Zamik	扎姆 Zām 或 Zam			
酒神 圣草之神 传说中的武士	胡姆 Houm	霍姆 Hōm	豪麻 Haoma		苏摩 Soma	前琐罗亚斯德时期伊朗雅利安人奉祀的重要神明，其固定修饰语为“祛除死亡的”（Dura-Osha）。曾抓获阿弗拉西亚布，将其押送凯·霍斯鲁
胜利之神	瓦南德 Vanand	瓦南德 Vanand	瓦南特 Vanant			

名称 职司	波斯文	帕拉维文	阿维斯塔文	古波斯文	吠陀梵文	备注
天启之神 每月第二十九日的庇护神	曼斯尔·斯潘德 Mansr-Spand 斯潘德·曼塔尔 Spand-Mantar	曼斯尔·斯潘德 mānsr-Spand 马拉·斯潘德 Māra-Spand 马赫拉·斯潘德 Mahra-Spand	曼斯拉·斯彭塔 Manthra-Spenta			
光源之神 每月第三十日的庇护神	阿尼朗 Aneyrān	阿内朗 Anērān				
灵光之神	法尔 Farr 法拉赫 Farrah	赫瓦拉 Khvarrah 霍拉赫 Khorrah	赫瓦雷纳 Khvarenah 赫瓦雷诺 Khvarenō	法尔纳 Farna		分为"伊朗部族之灵光"(Airyanem-Khvarenō)和"王者之灵光"(Kavaēnem-Khvarenō)
永恒时间之神	扎尔万 Zarvān	扎尔万 Zarvān 祖尔万 Zurvān				扎尔万教派信奉的主神
无限空间之神	斯瓦沙 Thvāsha	斯瓦沙 Thvāsha	斯瓦沙 Thvāsha			
时辰(正午至下午)之神 夏季之神	拉皮特温 Rapītvin	拉皮特温 Rapītvin 拉皮斯温 Rapisvin	拉皮斯温 Rapithvin 拉皮斯瓦 Rapithvā			
知识女神	奇斯特 Chist	奇斯特 Chist	奇斯塔 Chista 奇斯蒂 Chisti			梅赫尔之助神

名称 职司	波斯文	帕拉维文	阿维斯塔文	古波斯文	吠陀梵文	备注
财富女神	帕兰德 Pārand	帕兰德 Pārand	帕兰迪 Pārandi		普兰齐 Purandhi	
河水之神			阿帕姆·纳帕特 Apam-Napāt		阿婆姆·那婆特 Apam-Napāt	阿娜希塔之助神
报信天使	内里尤桑格 Neryosang	内里尤桑格 Nēryōsang 奈里尤桑格 Nairyōsang	奈里尤桑格哈 Nairyōsangha			
雨水之神	萨塔瓦耶斯 Satavayes	萨塔瓦耶斯 Satavayēs 萨特维斯 Satvēs 萨特维什 Satvēsh	萨塔瓦埃萨 Satavaēsa			雨神蒂尔的伴神
恶本原 恶界魔王 尘世破坏者 邪恶教唆者	阿赫里曼 Ahrīman	阿赫里曼 Ahrīman				
	安格拉·迈纽 Angra-Mainyu 安格拉·梅努 Angra-Meynou		安格拉·迈纽 Angra-Mainyu			
妖魔鬼怪的统称	迪弗 Deyv	迪弗 Dēv	达埃瓦 Daēva		提婆 Deva	多用其复数形式，加后缀 ān
邪恶、愚昧魔鬼	阿库曼 Akuman	阿科曼 Akōman	阿卡马纳 Akamana			专与第一大天神巴赫曼为敌

名称 职司	波斯文	帕拉维文	阿维斯塔文	古波斯文	吠陀梵文	备注
虚伪、欺诈魔鬼	多鲁格 Dorough	德鲁杰 Drūj 德鲁格 Drōgh	德鲁杰 Drouj	德鲁伽 Drauga		专与第二大天神奥尔迪贝赫什特为敌
暴虐魔鬼	哈什姆 Khashm	赫什姆 Khēshm 哈什姆 Khashm	阿埃什马 Aeshma			专与第三大天神沙赫里瓦尔为敌
狂妄自大魔鬼	塔鲁马特 Tarumat	塔罗克马特 Tarōkmat 塔罗马特 Tarōmat				专与第四位大天神埃斯潘德为敌
疾病魔鬼	图里兹 Turīz	托里兹 Tōrīz 托里奇 Tōrīch				专与第五位大天神霍尔达德为敌
死亡魔鬼	阿斯特维达特 Astvīdāt 维达特 Vīdāt	阿斯托维达特 Astōvidāt 阿斯特维达特 Astvidāt 阿斯特维哈特 Astvihāt 维达特 Vīdāt	阿斯托维扎图 Astōvidhātu 维扎图 Vidhātu			专与第六位大天神阿莫尔达德为敌
拖死鬼	维扎尔什 Vīzarsh	维扎尔什 Vizarsh 瓦伊 Vāy	维扎雷沙 Vizaresha 瓦尤 Vayu			

职司 \ 名称	波斯文	帕拉维文	阿维斯塔文	古波斯文	吠陀梵文	备注
对抗妖魔	帕特亚拉克 Patyārak	帕特亚拉克 Patyārak 帕蒂亚拉克 Patiyārak	派蒂亚拉 Paityāra			
嫉妒妖魔	拉什克 Rashk	阿拉什克 Arashk				
酗酒妖魔	孔德 Kund	孔德 Kund				
寒冬妖魔	扎马克 Zamak	扎马克 Zamak				
腐败妖魔	派里马特 Pairīmat	派里马特 Pairīmat				
毁约妖魔	梅赫尔·多鲁格 Mehr-Dorough	密特尔·德鲁杰 Mitr-Druj				
肮脏妖魔	纳苏什 Nasūsh	纳苏什 Nasūsh				
淫荡女妖	贾赫 Jah 贾希 Jahī 杰赫 Jeh	贾赫 Jah 贾希 Jahi 杰赫 Jeh				一说为魔王阿赫里曼之女；一说为阿赫里曼之妻
蛇形巨妖 传说中的暴君	阿日达哈克 Azhdahāk 扎哈克 Ḍahāk	阿日达哈克 Azhidahāk 阿齐达哈克 Azidahāk 达哈克 Dahāk	阿日达哈卡 Azhidahāka 达哈卡 Dahāka			曾代表恶界与阿扎尔争夺灵光未遂，后为伽尔沙斯布所杀
旱魃	阿普什 Apūsh	阿波什 Apōsh	阿普沙 Apausha			专与雨神蒂尔为敌

职司 \ 名称	波斯文	帕拉维文	阿维斯塔文	古波斯文	吠陀梵文	备注
蛊惑女妖	帕里 Parey	帕里 Pariy 帕里克 Parīk	派里卡 Pairīka			曾阻止蒂尔降雨未遂
贪睡妖魔	布沙斯布 Būshāsb	布沙斯普 Būshāsp 布希亚斯普 Būshiyāsp	布什扬斯塔 Bushyānsta			专与索鲁什为敌
暴风雪妖魔	马尔库斯 Malkus	马尔科斯 Malkōs	马赫尔库沙 Mahrkūsha			隐遁先知时期将连降三年暴风雪以图消灭人类
雷电妖魔	斯彭杰鲁什 Spenjrush	斯彭杰鲁什 Spenjrush				专与蒂尔作对

二、琐罗亚斯德教传说中的先知圣徒和帝王英雄

身份＼名称	波斯文	帕拉维文	阿维斯塔文	古波斯文	吠陀梵文	备注
伊朗第一位先知 琐罗亚斯德教教主	琐罗亚斯德 Zardosht 或 Zartosht	扎尔图什特 Zartusht 拉尔图赫什特 Zartuhsht 或 Zartukhsht	扎拉图什特拉 Zarathushtra			其姓氏斯皮塔马（Spitāma）或斯皮塔曼（Spitāman 或 Spitamān）
琐罗亚斯德之父	普鲁沙斯布 Purushasb	普鲁沙斯普 Pourushasp	普鲁沙斯帕 Pourushaspa			
琐罗亚斯德之母	杜格达娃 Doghdava	杜格图 Dugtav 杜格图伊 Dughtūy	多格杜 Doghdu 杜格佐娃 Dughdhōva			
琐罗亚斯德的表弟	梅迪尤马赫 Medyōmāh	迈托克马赫 Maitokmāh 梅特尤克马赫 Metyōkmāh	迈兹尤伊·马万格哈 Maidhyōi-Māvagha			最早皈依琐罗亚斯德教的信徒之一
琐罗亚斯德的女婿 凯·古什塔斯布的大臣	贾马斯布 Jāmāsb	贾马斯普 Jāmāsp	贾马斯帕 Jāmāspa			最早皈依琐罗亚斯德教的信徒之一，以虔诚、睿智出名

身份 \ 名称	波斯文	帕拉维文	阿维斯塔文	古波斯文	吠陀梵文	备注
琐罗亚斯德的岳父 贾马斯布的兄弟 凯·古什塔斯布的大臣	弗拉舒什塔尔 Frashushtar	弗拉肖什塔尔 Frashōshtar	弗拉舒什特拉 Frashaoshtra			最早皈依琐罗亚斯德教的信徒之一
琐罗亚斯德的小女儿 贾马斯布之妻	普鲁奇斯特 Puruchīst	普鲁奇斯特 Pōruchist	普鲁奇斯塔 Pouruchista			
著名的突朗家族或其成员	弗里扬 Fryān	弗里扬 Fryān	弗里扬(纳) Fryān(a)			最早皈依琐罗亚斯德教的突朗家族或其成员
弗里扬家族的智者	尤什特 Yusht	尤什特 Yōsht	尤伊什塔 Yoishta			战败巫师阿赫特(Akht)或阿赫蒂亚(Akhtya)
琐罗亚斯德第三房妻子 弗拉舒什塔尔之女	赫沃薇 Hvōvī	赫沃芙 Hvōv	赫沃薇 Hvōvi			赫沃格瓦(Hvōgva)或赫沃瓦(Hvōva)家族出身
凯扬王朝诸帝王的称号	卡维 Kavī	凯 Kay 或 Kai 或 Ke	卡维 Kavi			有时专指与琐罗亚斯德为敌的伊朗东部诸小国君主

身份 \ 名称	波斯文	帕拉维文	阿维斯塔文	古波斯文	吠陀梵文	备注
与琐罗亚斯德为敌的部落首领	卡拉潘 Karapan	卡拉普 Karap	卡拉潘 Karapan 或 Karapān		卡尔帕 Kalpa	坚持前琐罗亚斯德时期伊朗雅利安人传统宗教信仰和习俗的部落酋长和巫师
与琐罗亚斯德为敌的部落或其首领	格拉赫马 Grahmā 或 Grahma	格拉赫马克 Grahmak	格拉赫马 Grahmā 或 Grahma			
与琐罗亚斯德为敌的部落或其首领	乌西杰 Usīj	乌西杰 Usij	乌西杰 Usij			
与琐罗亚斯德为敌的部落或其首领	本德瓦 Bendva 班德瓦 Bandva	本德瓦 Bendva	本德瓦 Bendva			
第一位隐遁先知	乌希达尔 Ushīdar 胡希达尔 Hushīdar 胡希达尔·巴米 Hushīdar-Bāmī	胡谢塔尔 Hushētar 霍谢塔尔 Hōshētar	乌赫什亚特·埃雷塔 Ukhshyat-Ereta			三十岁时成为先知，其时空中太阳十日不落
第二位隐遁先知	乌什达尔·马赫 Ushīdar-Māh 胡希达尔·马赫 Hushīdar-Māh	胡谢塔尔·马赫 Hushētar-Māh 霍谢塔尔·马赫 Hōshētar-Māh	乌赫什亚特·内马赫 Ukhshyat-Nemah			三十岁时成为先知，其时空中太阳二十日不落

名称 身份	波斯文	帕拉维文	阿维斯塔文	古波斯文	吠陀梵文	备注
第三位隐遁先知，亦即最后一位隐遁先知 有时泛指三位隐遁先知	苏什扬特 Saoshyānt 西亚乌尚斯 Siyaushāns	苏什扬特 Saoshyānt 索什扬斯 Sōshyāns	苏什扬塔 Saoshyānta 阿斯特瓦特·埃雷塔 Astvat-Ereta			他的临世，即宣告终审日的来临 三十岁时成为先知，其时空中太阳三十日不落
第一位隐遁先知之母	芭德 Bad	芭德 Bad	斯鲁塔特·费兹丽 Srūtat-Fedhri			
第二位隐遁先知之母	贝赫·芭德 Beh-Bad	贝赫·芭德 Beh-Bad 韦赫·芭德 Veh-Bad	旺胡·费兹丽 Vanghu-Fed-hri			
第三位隐遁先知之母	埃蕾达德·芭德 Eredad-Bad	埃蕾达特·芭德 Eredat-Bad	埃蕾达特·费兹丽 Eredat-Fed-hri 维斯帕·陶尔瓦依丽 Vispa-Taur-vairi			
人类之父	马什亚 Mashya	马什亚 Mashya 或 Māshya 密赫里 Mihrīh 密赫雷 Mihrē 密沙 Mishā				伊朗神话中的“亚当”

名称 身份	波斯文	帕拉维文	阿维斯塔文	古波斯文	吠陀梵文	备注
人类之母	马什亚娜 Mashyāna	马什亚娜(格) Mashyāna(g) 马什亚内 Mashyānē 马什尤依 Mashyōi 密赫尔里亚妮 Mihryānīh 密赫里亚内 Mihriyāne				伊朗神话中的"夏娃"
第一位胡姆汁制作者贾姆希德之父	维万格罕 Vīvanghān	维万格罕 Vivanghān	维万格罕特 Vivanghānt		维婆斯婆特 Vivasvat	梵文又译毗婆薮，即吠陀神话中的太阳神遍照者
第二位胡姆汁制作者法里东之父	阿布廷 Ābtīn 阿特宾 Ātbīn	阿斯维亚 Athvya	阿斯维亚 Athvya		阿普蒂亚 Aptya	
第三位胡姆汁制作者乌尔瓦赫什和伽尔沙斯布之父	阿塔尔特 Atart 或 Atar ṭ	斯里塔 Thrita	斯里塔·阿斯拉特 Thrita-Athrat		特里塔 Thrita	
丕什达德王朝	丕什达迪扬 Pīshdādyān	佩什达坦 Pēshdātān	帕拉扎塔 Paradhāta			传说中伊朗第一个王朝
人类始祖丕什达德王朝国君	凯尤马尔斯 Keyumarth	伽尤马尔特 Gayōmart 伽尤克马尔特 Gayōkmart	伽亚·马雷坦 Gaya-Maretan			人间第一对男女马什亚和马什亚娜由他的精液演化而成

身份＼名称	波斯文	帕拉维文	阿维斯塔文	古波斯文	吠陀梵文	备注
丕什达德王朝国君	胡尚格 Hūshang	霍尚格 Hōshang	胡什扬格哈 Haoshyangha			一说源自萨克人（Sakā）传说
丕什达德王朝国君	塔赫穆雷斯 Tahmūreth	塔赫穆里特 Tahmūrīt 或 Takhmūrīt 塔赫姆拉普 Tahmūrap 或 （Takhmūrap）	塔赫马·乌鲁帕 Takhma-Urupa			一说源自萨克人传说
丕什达德王朝著名国君	贾姆希德 Jamshīd 贾姆 Jam	伊姆谢特 Yimshēt 伊姆 Yim 雅姆 Yam	伊麻·赫沙埃塔 Yima-khs-haeta		阎摩 Yama	伊朗传说中的世间始皇，在位当政九百年，功绩卓著；后因说谎失去灵光庇佑，被斯皮图尔所杀
丕什达德王朝著名国君	法里东 Farīdūn	弗雷敦 Frētōn	斯拉埃陶纳 Thraētaona		特拉伊塔纳 Traitana	抓获暴君阿日达哈克，将其囚于达马万德山；并将国土一分为三，交给自己的三个儿子统辖
伽尔沙斯布的兄长，主持“神判”的祭司	乌尔瓦赫什 Urvākhsh	乌尔瓦赫什 Urvākhsh	乌尔瓦赫沙亚 Urvākhshaya			

名称 身份	波斯文	帕拉维文	阿维斯塔文	古波斯文	吠陀梵文	备注
伊朗雅利安人的著名英雄 永恒不死者	伽尔沙斯布 Garshāsb	卡尔沙斯普 Karshāsp 卡雷沙斯普 Karēshāsp 卡尔萨斯普 Karsāsp	凯雷萨斯帕 Keresāspa		克尔萨斯瓦 Krsasva	力斩头上生角的巨龙(蛇)和巨妖"金脚踵"甘达尔弗(Gandarv)等。当阿日达哈克挣脱锁链,继续危害百姓时,他将置其于死地
贾姆希德的兄弟	斯皮图尔 Spītur	斯皮图尔 Spītur	斯皮蒂尤拉 Spityura			锯杀其兄贾姆希德
凯扬王朝	凯扬 Kaiyān	凯扬 Kayān	卡维扬 Kaviyān			传说中伊朗第二个王朝
凯扬王朝国君	凯·古巴德 Kay-Qobād	凯·卡瓦特 Kai-Kavāt	卡维·卡瓦塔 Kavi-Kavāta			
凯扬王朝国君	凯·阿皮韦 Kay-Apīveh	凯·阿皮韦 Kai-Apiveh	卡维·艾皮·旺胡 Kavi-Aipi-Vanghu			
凯扬王朝著名国君	凯·卡乌斯 Kay-Kāous	凯·卡尤斯 Kai-Kāyūs 凯·卡乌斯 Kai-Kāus	卡维·乌桑 Kavi-Usan 卡维·乌萨赞 Kavi-Us-adhan			
凯扬王朝国君	凯·阿拉什 Kay-Ārash	凯·阿拉什 Kai-Ārash	卡维·阿尔尚 Kavi-Arshan			
凯扬王朝国君	凯·皮辛 Kay-Pīsīn	凯·皮辛 Kai-Pisin 凯·帕辛 Kai-Pasin	卡维·皮辛纳 Kavi-Pisina			

身份＼名称	波斯文	帕拉维文	阿维斯塔文	古波斯文	吠陀梵文	备注
凯扬王朝国君	凯·比亚拉什 Kay-Byārash	凯·比亚拉什 Kai-Byārash 凯·比亚尔什 Kai-Byārsh	卡维·比亚尔尚 Bavi-Byārshan			
凯·霍斯鲁之父	凯·西亚乌什 Kay-Syāvoush	凯·西亚瓦尔什 Kai-Syāvarsh	卡维·西亚瓦尔尚 Kavi-Syāvarshan			
凯扬王朝著名国君	凯·霍斯鲁 Kay-Khos-rau	凯·胡斯鲁 Kai-Husrau 或 Kai-Khusrau	卡维·胡斯拉瓦赫 Kavi-Haosra-vah		苏斯拉瓦斯 Susravas	抓获并杀死阿弗拉西亚布，替父报仇雪恨
凯扬王朝著名国君	凯·古什塔斯布 Kay-Goshtāsb	凯·古什塔斯普 Kai-Goshtāsp 凯·维什塔斯普 Kai-Vishtāsp	卡维·维什塔斯帕 Kavi-Vishtāspa			琐罗亚斯德教的赞助者和支持者
突朗著名国君	阿弗拉西亚布 Afrāsīyāb	阿弗拉西亚普 Afrāsiyāp 弗拉西亚普 Frāsiyāp 弗拉西亚克 Prāsiyāk	弗兰格拉西扬 Frangrasyan			三次下水追逐灵光未遂。凯扬王朝诸君的宿敌，后被凯·霍斯鲁抓获处死
阿弗拉西亚布的兄弟	阿格里拉斯 Aghrīrath	阿格里拉特 Aghrīrat	阿格拉埃雷萨 Aghraeretha			因对伊朗友好被处以极刑
阿弗拉西亚布的兄弟	伽尔西瓦兹 Garsīvaz	卡尔塞瓦兹 Karsēvaz	凯雷萨瓦兹达 Keresavazda			以奸诈著称，专掌挑拨离间

名称 身份	波斯文	帕拉维文	阿维斯塔文	古波斯文	吠陀梵文	备注
突朗著名国君	阿尔贾斯布 Arjāsb	阿尔贾斯普 Arjāsp	阿雷贾塔斯帕 Arejataspa			败于凯·古什塔斯布
凯·古什塔斯布的兄长，伊朗军队统帅	扎里尔 Zarīr	扎雷尔 Zarēr	扎伊里·瓦伊里 Zairī-Vairī			在与阿尔贾斯布的战争中阵亡
扎里尔之子	巴斯特瓦尔 Bastvar 巴斯塔瓦尔 Bastavar	巴斯特瓦尔 Bastvar				少年英雄替父报仇，杀死比德拉弗什
古什塔斯布国王之子	埃斯梵迪亚尔 Esfandīyār	斯潘迪达特 Spandidāt 斯彭达特 Spendāt				率领伊朗军队彻底击败突朗的入侵
突朗军队将领	比德拉弗什 Bīdrafsh	维德拉弗什 Vidrafsh				被巴斯特瓦尔击毙
虔诚的琐罗亚斯德教祭司	阿尔达·维拉夫 Ardā-Vīrāf 阿尔达·维拉兹 Ardā-Vīrāz	阿尔塔伊·维拉兹 Artāy-Virāz 阿尔塔伊·维拉夫 Artay-Virāf				梦游天国和地狱，后写书勉励世人好自为之
萨珊王朝的开国君主	阿尔达希尔·巴巴克 Ardashīr-Bābak	阿尔塔赫希尔·帕帕克 Artakhshēr-Pāpak				凭借灵光之助开国立业，平息内乱，功绩卓著

图书在版编目(CIP)数据

阿维斯塔:琐罗亚斯德教圣书/(伊朗)贾利尔·杜斯特哈赫选编;元文琪译.—北京:商务印书馆,2017
(汉译世界学术名著丛书:120年纪念版:珍藏本)
ISBN 978-7-100-14613-5

Ⅰ.①阿… Ⅱ.①贾… ②元… Ⅲ.①袄教—宗教经典—伊朗—古代 Ⅳ.①B983

中国版本图书馆CIP数据核字(2017)第152387号

汉译世界学术名著丛书
(120年纪念版·珍藏本)
阿 维 斯 塔
——琐罗亚斯德教圣书
〔伊朗〕贾利尔·杜斯特哈赫 选编
元文琪 译

商 务 印 书 馆 出 版
(北京王府井大街36号 邮政编码100710)
商 务 印 书 馆 发 行
北 京 冠 中 印 刷 厂 印 刷
ISBN 978-7-100-14613-5

2017年12月第1版 开本710×1000 1/16
2017年12月北京第1次印刷 印张25½
定价:128.00元